KOMPLETNÍ KNIHA CHAI

Vytváření, ochutnávání a osvojování si životního stylu Chai prostřednictvím 100 rychlých a chutných receptů

Karel Šálek

Materiál chráněný autorským právem ©2024

Všechna práva vyhrazena

Žádná část této knihy nesmí být použita nebo přenášena v jakékoli formě nebo jakýmikoli prostředky bez řádného písemného souhlasu vydavatele a vlastníka autorských práv, s výjimkou krátkých citací použitých v recenzi. Tato kniha by neměla být považována za náhradu lékařských, právních nebo jiných odborných rad.

OBSAH

OBSAH 3
ÚVOD 6
KLASICKÝ CHAI 7
   1. Tradiční Masala Chai 8
   2. Zázvorový medový chai 10
   3. Čaj z kardamomové růže 12
   4. Chai Kurdi 14
   5. Mátový zelený čaj Chai 16
   6. Kokosový kardamom Chai 18
   7. R ruský Chai 20
   8. Šafránový mandlový Chai 22
   9. Pumpkin Spice Chai Latte 24
   10. Lavender Earl Grey Chai 26
   11. Saigon Chai 28
   12. Čokoládový Chili Chai 30
   13. Jablečný skořicový chai 32
   14. Borůvkový vanilkový chai 34
   15. Cayenne Chai 36
   16. Malajský Chai 38
   17. Cinnamon Butterscotch Chai 40
   18. Oranžovo-muškátový Chai 42
   19. Masala Chai 44
   20. Vanilkový karamel Chai Latte 46
   21. chai se skořicovou hruškou 48
   22. čaj s hřebíčkem a muškátovým oříškem 50
   23. Kořeněný čaj z anýzových semínek 52
   24. R osmiary Wine Chai 54
   25. Chai čaj Latte s para ořechy 56
   26. Pistáciový ledový chai 59
   27. Čaj Chai Boba 61
   28. Ražené oranžové Chai 63
   29. Rosy Black Chai 65
   30. Ibišek Rose Chai 67
   31. Mocktail arabského pistáciového čaje 69
   32. Nutty Chai Bliss 71
   33. Hyderabadi Dum Chai 73
SNÍDANĚ 75
   34. Chai Latte kaše 76
   35. Chai kořeněná horká čokoláda 78
   36. Dýňové palačinky Chai 80
   37. Kořeněné ovesné vločky s čajem 82

38. Francouzský toast kořeněný chai 84
39. Chai Latte Muffiny s Chai-Spiced Streusel 86
40. Super robustní granola kořeněná chai 89
41. Chai vafle s banánovým krémovým sirupem 92
42. Chai biscotti s bílou čokoládou 95
43. Cruffins s kořením chai 98
44. Chai kořeněné skořicové rolky 102
45. Chai kořeněný chléb 105
46. Chai kořeněné jablečné koblihy 107

SVAČINKY 110
47. Chai kořeněné sušenky 111
48. Chai kořeněné churros 113
49. Krekry s kořením Chai 116
50. Čaj kořeněné Madeleines 118
51. Chai kořeněné pražené ořechy 121
52. Maple Chai Chex Mix 123
53. Chai kořeněná rýže Krispie pamlsky 126
54. Energetické kuličky Chai Spice 128
55. Snickerdoodles kořeněné chai 130
56. Kořeněný popcorn na sporáku 132
57. Masala Papad 134
58. Pečené ořechy masala 136
59. Čajem kořeněné pražené mandle a kešu 138
60. Chai kořeněné pražené ořechy 140
61. Cizrnové poppers 142
62. Severoindický hummus 144

DEZERT 146
63. Čajová konvice de Crème 147
64. Brownies s čajem Chai 150
65. Chai kořeněná flan 152
66. Sendvič se zmrzlinou Chai Nut 154
67. Indické Masala Chai Affogato 156
68. Chai-kokosové mléko Boba nanuky 158
69. Chai Latte Cupcakes 160
70. Masala Chai Panna Cotta 164
71. Rýžový nákyp s kořením Chai 166
72. Chai Cheesecake 169
73. Masala Chai Tiramisu 172
74. Chai Spice Apple Crisp 175
75. Čokoládové lanýže kořeněné chai 178
76. Chai zmrzlina 180

KOKTEJLY A MOCKTAILY 183
77. Chai zázvorový bourbonový koktejl 184

78. CHAI MARTINI 186
79. CHAI BÍLÁ RUŠTINA 188
80. VANILKOVÝ CHAI STAROMÓDNÍ 190
81. RECEPT CHAI HOT TODDY 192
82. CRANBERRY CHAI SANGRIA 194
83. CHAI PRSKAVKA 196
84. CHAI MALINOVÁ LIMONÁDA 198
85. CH AI CHLADIČ 200
86. PERSKÝ ŠAFRÁN A RŮŽOVÝ ČAJ 202
87. KOŘENĚNÝ ČAJ BAKLAVA MOCKTAIL 204
88. ČAJ Z RŮŽOVÉHO PEPŘE 206
89. LIMETKA A ČAJ MOCKTAIL 208
90. KOŘENĚNÉ CHAI TANGO 210
91. MELASOVÝ ČAJ Z POMERANČE A GRANÁTOVÉHO JABLKA 212
92. CITRUSOVÁ BLAŽENOST HEŘMÁNKU 214
93. HIBISCUS-GINGER ON THE ROCKS 216
94. IBIŠEK-HROZNOVÝ LEDOVÝ ČAJ MOCKTAIL 218
95. LEDOVÝ ČAJ Z POMERANČOVÝCH KVĚTŮ 220
96. JASMÍN JALLAB 222
97. OSVĚŽOVAČ EGYPTSKÉHO BEDUÍNSKÉHO ČAJE 224
98. ČAJOVÝ MOCKTAIL INSPIROVANÝ VIMTO 226
99. ŠAFRÁNOVÝ MÁTOVÝ ČAJ V ARABSKÉM STYLU 228
100. TIBETSKÝ MÁSLOVÝ ČAJ S FENYKLEM 230

ZÁVĚR 232

ÚVOD

Vítejte v „KOMPLETNÍ KNIHA CHAI", vašem dokonalém průvodci tvorbou, ochutnáváním a přijetím životního stylu chai prostřednictvím 100 rychlých a chutných receptů. Tato kniha je oslavou bohatého a aromatického světa chai a provede vás příjemnou cestou, která prozkoumá umění výroby, užívání si a začlenění chai do různých kulinářských požitků. Přidejte se k nám na tomto aromatickém dobrodružství, které povyšuje chai z milovaného nápoje na životní styl.

Představte si útulný prostor naplněný hřejivou a lákavou vůní čerstvě uvařeného chai, doprovázeného nádhernými pochoutkami naplněnými chai kořením. "KOMPLETNÍ KNIHA CHAI" není jen sbírka receptů; je to zkoumání rozmanitých chutí, koření a kulturních významů, které chai přináší na stůl. Ať už jste chai nadšenci nebo nováčci ve světě kořeněného čaje, tyto recepty jsou vytvořeny tak, aby vás inspirovaly k tomu, abyste si vychutnali esenci chai v každém doušku a soustu.

Od klasického masala chai až po vynalézavé dezerty a slané pokrmy naplněné chai, každý recept je oslavou všestrannosti a tepla, které chai dodává. Ať už pořádáte setkání s chai tématikou, nebo jen chcete zlepšit svou každodenní rutinu, tato kniha je vaším hlavním zdrojem, jak zažít celé spektrum chutí chai.

Přidejte se k nám, když se ponoříme do světa chai, kde každý výtvor je svědectvím o uklidňující a aromatické cestě, kterou milovníci chai milují. Takže popadněte svůj oblíbený hrnek, přijměte koření a pojďme se pustit do lahodného dobrodružství plného chai prostřednictvím „KOMPLETNÍ KNIHA CHAI".

KLASICKÝ CHAI

1. Tradiční Masala Chai

SLOŽENÍ:
- 2 šálky vody
- 2 šálky mléka
- 4 čajové lžičky sypaných čajových lístků nebo 4 čajové sáčky
- 4 zelené lusky kardamomu, rozdrcené
- 1 tyčinka skořice
- 4 hřebíčky
- 1-palcový zázvor, strouhaný
- Cukr podle chuti

INSTRUKCE:
a) V hrnci smíchejte vodu, mléko, kardamom, skořici, hřebíček a zázvor.
b) Směs přiveďte k varu, poté snižte teplotu na minimum a vařte 5 minut.
c) Přidejte čajové lístky nebo čajové sáčky a vařte dalších 5 minut.
d) Čaj sceďte do šálků a podle chuti oslaďte cukrem.

2.Zázvorový medový chai

SLOŽENÍ:
- 2 šálky vody
- 2 šálky mléka
- 4 čajové lžičky lístků černého čaje nebo 4 čajové sáčky
- 1 lžíce strouhaného čerstvého zázvoru
- 2 lžíce medu
- Špetka černého pepře (volitelně)

INSTRUKCE:
a) V hrnci dáme vařit vodu a mléko dohromady.
b) Přidejte čajové lístky nebo sáčky a nastrouhaný zázvor.
c) Vařte 7–8 minut, aby se chutě rozvinuly.
d) Sundejte z ohně, přeceďte a vmíchejte med.
e) V případě potřeby přidejte špetku černého pepře. Podávejte horké.

3.Čaj z kardamomové růže

SLOŽENÍ:
- 2 šálky vody
- 2 šálky mléka
- 4 čajové lžičky sypaných čajových lístků nebo 4 čajové sáčky
- 6-8 zelených lusků kardamomu, rozdrcených
- 1 lžička sušených růžových lístků
- Cukr podle chuti

INSTRUKCE:
a) V hrnci přiveďte k mírnému varu vodu, mléko, kardamom a okvětní lístky růží.
b) Přidejte čajové lístky nebo sáčky a nechte 5-7 minut vařit.
c) Čaj přeceďte a podle chuti oslaďte cukrem.
d) Volitelné: Před podáváním ozdobte několika sušenými okvětními lístky růží.

4. Chai Kurdi

SLOŽENÍ:
- 1 lžíce indických čajových lístků
- 1 skořice; lepit
- voda, vařící
- Kostky cukru

INSTRUKCE:
a) Čaj a skořici dejte do konvice a zalijte vroucí vodou.
b) Necháme 5 minut louhovat.
c) Podáváme horké s kostkovým cukrem.

5. Mátový zelený čaj Chai

SLOŽENÍ:
- 2 šálky vody
- 2 šálky mléka
- 4 čajové lžičky lístků zeleného čaje nebo 4 sáčky zeleného čaje
- 1 lžíce čerstvých lístků máty, nasekaných
- 1-palcový zázvor, strouhaný
- Med podle chuti

INSTRUKCE:
a) V hrnci dáme vařit vodu a mléko dohromady.
b) Přidejte lístky zeleného čaje, nastrouhaný zázvor a nasekané lístky máty.
c) Vařte 5-7 minut, aby se chutě propojily.
d) Čaj přecedíme, osladíme medem a podáváme horké.

6.Kokosový kardamom Chai

SLOŽENÍ:
- 2 šálky vody
- 1 šálek kokosového mléka
- 1 šálek běžného mléka
- 4 čajové lžičky sypaných čajových lístků nebo 4 čajové sáčky
- 4-6 zelených lusků kardamomu, rozdrcených
- 2 lžíce strouhaného kokosu
- Cukr podle chuti

INSTRUKCE:
a) V hrnci smíchejte vodu, kokosové mléko, běžné mléko, kardamom a strouhaný kokos.
b) Směs přiveďte k varu a poté přidejte čajové lístky nebo sáčky.
c) Vařte dalších 5-7 minut.
d) Čaj přeceďte, oslaďte cukrem a vychutnejte si dobrotu s kokosem.

7.R ruský Chai

SLOŽENÍ:
- 2 šálky Tang
- ¾ šálku Obyčejný instantní čaj
- 1 šálek Cukr
- 1 lžička Skořice
- 3 unce Směs limonád Country Time
- ½ lžičky hřebíček
- ½ lžičky Nové koření

INSTRUKCE:
a) Vše promíchejte.
b) Použijte 2 vrchovaté čajové lžičky na šálek horké vody.

8.Šafránový mandlový Chai

SLOŽENÍ:
- 2 šálky vody
- 2 šálky mléka
- 4 čajové lžičky sypaných čajových lístků nebo 4 čajové sáčky
- Špetka šafránových vláken
- 1/4 šálku mandlí, jemně nasekaných
- Cukr podle chuti

INSTRUKCE:
a) V hrnci dáme vařit vodu a mléko dohromady.
b) Přidejte šafránové prameny a nasekané mandle.
c) Směs nechte 5-8 minut povařit.
d) Přidejte čajové lístky nebo sáčky, louhujte, sceďte, oslaďte cukrem a podávejte.

9. Pumpkin Spice Chai Latte

SLOŽENÍ:
- 2 šálky vody
- 1 šálek mléka
- 1/2 šálku konzervovaného dýňového pyré
- 4 čajové lžičky lístků černého čaje nebo 4 čajové sáčky
- 1 lžička koření na dýňový koláč
- Javorový sirup nebo cukr podle chuti

INSTRUKCE:
a) V hrnci smíchejte vodu, mléko, dýňové pyré a koření na dýňový koláč.
b) Směs zahříváme, dokud se nezačne vařit.
c) Přidejte čajové lístky nebo sáčky a louhujte 5-7 minut.
d) Čaj přeceďte, oslaďte javorovým sirupem nebo cukrem a vychutnejte si podzimem inspirovanou dobrotu.

10. Lavender Earl Grey Chai

SLOŽENÍ:
- 2 šálky vody
- 2 šálky mléka
- 4 čajové lžičky čajových lístků Earl Grey nebo 4 čajové sáčky Earl Grey
- 1 lžíce sušených poupat levandule
- 1 lžička vanilkového extraktu
- Med nebo cukr podle chuti

INSTRUKCE:
a) V hrnci dejte vařit vodu a mléko.
b) Přidejte čajové lístky Earl Grey, sušené poupata levandule a vanilkový extrakt.
c) Vařte 5–7 minut, aby se chutě rozvinuly.
d) Čaj přeceďte, oslaďte medem nebo cukrem a vychutnejte si aromatickou směs.

11. Saigon Chai

SLOŽENÍ:
- 2 polévkové lžíce Čaj
- 4 šálky vařící voda
- Klínky citronu
- 12 Celý hřebíček
- 12 Vše kořeněné bobule
- 2" tyčinka skořice

INSTRUKCE:
a) Vložte čaj do vyhřívané konvice; Přidat vodu.
b) Přidejte hřebíček, nové koření a skořici; nechte 5 minut louhovat.
c) Přelijte přes sítko přes led ve vysokých sklenicích.
d) Ozdobte citronem.

12. Čokoládový Chili Chai

SLOŽENÍ:
- 2 šálky vody
- 2 šálky mléka
- 4 čajové lžičky lístků černého čaje nebo 4 čajové sáčky
- 2 lžíce kakaového prášku
- 1/2 lžičky chilli prášek
- Cukr podle chuti

INSTRUKCE:
a) V hrnci přiveďte vodu, mléko, kakaový prášek a chilli prášek k varu.
b) Přidejte čajové lístky nebo sáčky a louhujte 5-7 minut.
c) Čaj přeceďte, oslaďte cukrem a vychutnejte si bohaté, čokoládové teplo s nádechem koření.

13. Jablečný skořicový chai

SLOŽENÍ:
- 2 šálky vody
- 2 šálky mléka
- 4 čajové lžičky lístků černého čaje nebo 4 čajové sáčky
- 1 jablko, nakrájené na tenké plátky
- 1 tyčinka skořice
- Hnědý cukr nebo med podle chuti

INSTRUKCE:
a) V hrnci dejte vařit vodu a mléko.
b) Přidejte čajové lístky, plátky jablek a tyčinku skořice.
c) Vařte 7–10 minut, aby jablka změkla a chutě se spojily.
d) Čaj přeceďte, oslaďte hnědým cukrem nebo medem a vychutnejte si uklidňující chuť jablka a skořice.

14. Borůvkový vanilkový chai

SLOŽENÍ:
- 2 šálky vody
- 2 šálky mléka
- 4 čajové lžičky lístků černého čaje nebo 4 čajové sáčky
- 1/2 šálku čerstvých borůvek
- 1 lžička vanilkového extraktu
- Cukr nebo agávový sirup dle chuti

INSTRUKCE:
a) V hrnci přiveďte k mírnému varu vodu, mléko, borůvky a vanilkový extrakt.
b) Přidejte čajové lístky nebo sáčky a vařte 5-7 minut.
c) Sceďte chai, oslaďte cukrem nebo agávovým sirupem a vychutnejte si lahodnou směs borůvek a vanilkových tónů.

15. Cayenne Chai

SLOŽENÍ:
- 1/8 čajové lžičky kajenského prášku
- 1 lžíce čerstvé citronové šťávy
- 1 lžička syrového medu
- 1 šálek převařené vody

INSTRUKCE:
a) Vložte kajenský prášek do hrnku.
b) Zalijte vodou. Ihned zamíchejte
c) Přidejte citronovou šťávu a med. Znovu promíchejte, aby se vše promíchalo
d) Ochlaďte a poté vypijte.

16. Malajský Chai

SLOŽENÍ:
- 8 šálků Vařící voda
- 4 Sáčky zeleného čaje popř
- 8 lžiček Sypké lístky zeleného čaje
- ½ lžičky Skořice
- ¼ lžičky Mletý kardamom
- 2 polévkové lžíce Cukr

INSTRUKCE:
a) Vložte všechny ingredience do konvice a louhujte 2 minuty.
b) Podáváme samotné nebo s loupanými mandlemi.

17.Cinnamon Butterscotch Chai

SLOŽENÍ:
- 1 šálek horkého čaje
- 2 Butterscotch tvrdé bonbóny
- 1 polévková lžíce Miláček
- ½ lžičky Citronová šťáva
- 1 Skořicová tyčinka

INSTRUKCE:
a) Míchejte, dokud se bonbony nerozpustí, nebo před pitím odstraňte všechny zbývající kousky

18.Oranžovo-muškátový Chai

SLOŽENÍ:
- 1 šálek Instantní čajový prášek
- 1 šálek Cukr
- 0,15 unce nápojové směsi s pomerančovou příchutí
- 1 lžička Mletý muškátový oříšek

INSTRUKCE:
a) V misce smíchejte všechny přísady; míchejte, dokud se dobře nesmíchá.

19. Masala Chai

SLOŽENÍ:
- 6 šálků -Studená voda
- ⅓ šálku Mléko
- 3" tyčinka Skořice
- 6 Zelené kardamomy, celé
- 4 Hřebíček celý
- 12 Černý pepř
- 12 lžiček Cukr
- 9 čajových sáčků pomerančového pekoe

INSTRUKCE:
a) V hrnci smíchejte vodu a mléko a přiveďte k varu.
b) Přidejte koření a cukr.
c) Míchejte, aby se promíchalo, a vypněte oheň.
d) Zakryjte pánev a nechte koření 10 minut nasáknout.
e) Přidejte čajové lístky nebo čajové sáčky a přiveďte vodu k druhému varu.
f) Snižte teplotu a přikryté vařte 5 minut.
g) Čaj sceďte do teplé konvice a ihned podávejte.

20.Vanilkový karamel Chai Latte

SLOŽENÍ:
- 2 šálky vody
- 2 šálky mléka
- 4 čajové lžičky lístků černého čaje nebo 4 čajové sáčky
- 2 lžíce karamelového sirupu
- 1 lžička vanilkového extraktu
- Cukr podle chuti

INSTRUKCE:
a) V hrnci smíchejte vodu, mléko, karamelový sirup a vanilkový extrakt.
b) Směs zahříváme, dokud se nezačne vařit.
c) Přidejte čajové lístky nebo sáčky a nechte 5-7 minut louhovat.
d) Chai přeceďte, podle potřeby oslaďte cukrem a vychutnejte si vanilkový karamelový chai latte.

21.chai se skořicovou hruškou

SLOŽENÍ:
- ½ šálku neslazené hruškové šťávy
- 1 tyčinka skořice
- 1 lžíce citronové šťávy
- 2 ½ lžíce agávového nektaru
- 2 lžíce čerstvého zázvoru, mletého
- 6 sáčků černého čaje
- 6 šálků vody

INSTRUKCE:
a) V hrnci přiveďte vodu k varu.
b) Vypněte teplo a vložte do skořice a čajových sáčků.
c) Nechte pět až sedm minut louhovat.
d) zbavte se čajových sáčků a vložte je do zbytku ingrediencí.
e) Před podáváním vychlaďte 2 hodiny.

22. čaj s hřebíčkem a muškátovým oříškem

SLOŽENÍ:
- 1 lžička mletého hřebíčku
- 1/4 šálku nápojové směsi s pomerančovou příchutí
- 1/4 šálku instantního čajového prášku s citronovou příchutí
- 1/4 lžičky mletého muškátového oříšku

INSTRUKCE:
a) Smíchejte všechny přísady.
b) Přesuňte se na džbán
c) Zalijte vroucí vodou.
d) Podávejte horké nebo vychlazené!

23. Kořeněný čaj z anýzových semínek

SLOŽENÍ:
- 1 lžička anýzových semínek, drcených
- 2 tyčinky skořice
- 1 palec zázvoru, nakrájený na plátky
- Miláček
- 2 lžičky sušené sypané echinacey

INSTRUKCE:
a) Smíchejte koření a echinaceu v hrnci se třemi šálky vody.
b) Přiveďte k varu a poté vařte 1 8 minut .
c) Sceďte do hrnku a přidejte med .

24. Rosmiary Wine Chai

SLOŽENÍ:
- 1 Klaret z láhve
- 4 šálky černého čaje jako Assam nebo Darjeeling
- ¼ šálku jemného medu
- ⅓ šálku cukru
- 2 Pomeranče nakrájené na tenké plátky a se semínky
- 2 Tyčinky skořice
- 6 Celý hřebíček
- 3 Snítky rozmarýnu

INSTRUKCE:
a) Víno a čaj nalijte do kastrůlku, který nepodléhá korozi.
b) Přidejte med, cukr, pomeranče, koření a rozmarýn.
c) Dusíme, dokud se téměř nezapaří. Míchejte, dokud se med nerozpustí.
d) Sejměte pánev z ohně, přikryjte ji a nechte 30 minut louhovat.

25.Chai čaj Latte s para ořechy

SLOŽENÍ:
PRO BRAZILSKÉ OŘECHOVÉ MLÉKO:
- 1 šálek syrových para ořechů
- 3 šálky čerstvé čisté vody
- 2 datle Medjool, vypeckované
- 1 lžička vanilkového extraktu
- 2 lžíce kokosového másla

PRO MASALA CHAI:
- 2palcový kousek skořice
- 2 kusy badyánu
- 10 zelených lusků kardamomu, rozdrcených
- 6 celých hřebíčků
- 10 zrnek celého černého pepře
- 6 tenkých kulatých plátků čerstvého zázvoru
- 2 šálky čerstvé čisté vody
- 3 lžičky sypaných lístků černého čaje

INSTRUKCE:
PRO BRAZILSKÉ OŘECHOVÉ MLÉKO:
a) dejte do misky a zalijte čistou vodou.
b) Nechte uležet 6 hodin nebo přes noc.
c) Smíchejte ořechy se 3 šálky vody, 2 datle, vanilka a kokosové máslo.
d) Mixujte při vysoké rychlosti asi 1 minutu.
e) Na čistou nádobu nasaďte sítko.
f) Přes sítko položte tenkou tkaninu.
g) Nalijte rozmíchané mléko přes utěrku.

PRO MASALA CHAI:
h) Smíchejte všechno koření v hrnci s vodou.
i) Směs zahřejte k varu, poté snižte teplotu na mírný var.
j) Koření povařte 5 minut. Vypněte topení.
k) Vmíchejte lístky černého čaje a nechte 10 minut louhovat. Přeceďte přes cedník.
l) Do misky odměřte 1 šálek/ 250 ml ořechového mléka.
m) Pomalu do mléka za stálého míchání nalijte 1/2 šálku/125 ml horké, kořeněné vody.
n) Poté pomalu přidávejte směs mléka a vody zpět do zbytku okořeněné vody.

26.Pistáciový ledový chai

SLOŽENÍ:
- 2 sáčky černého čaje Assam Tea
- 2 šálky horké vody
- 1 lžička růžové konzervy
- 2 lžičky pistácií blanšírovaných a nakrájených na kousky
- 2 hřebíčky
- 1/2-palcová skořice
- 1 kardamom
- 1 lžička cukru volitelně
- 1 špetka šafránových vláken
- 6 kostek ledu

INSTRUKCE
a) Servírovací sklenice zmrazte na 10 minut.
b) Celé koření a čaj zavažte do mušelínové látky.
c) Přiveďte vodu k varu. Přidejte mušelínovou tkaninu do vroucí vody.
d) Nechte čajové sáčky a sáček s kořením louhovat 5 minut.
e) Přecedíme do misky. Přidejte růžovou konzervu a extra cukr.
f) Vmíchejte polovinu pistácií a dobře promíchejte.
g) Nalijte do zmrzlých sklenic.
h) V případě potřeby přidejte několik dalších kostek. Navrch dejte zbylé pistácie a šafrán.
i) Ihned podávejte vychlazené.

27. Čaj Chai Boba

SLOŽENÍ:
- 1 šálek horké vody
- 2 čajové sáčky chai
- 1-2 lžíce hnědého cukru
- ⅛ šálku mléka
- ⅛ šálku odpařeného mléka
- ¼ šálku tapiokových perel

INSTRUKCE:
a) Přiveďte jeden šálek vody k varu.
b) Přidejte 2 čajové sáčky chai a louhujte 5 minut.
c) Nalijte do sklenice a ještě horké vmíchejte 1-2 lžíce hnědého cukru, podle toho, jak chcete sladké.
d) Poté přidejte odpařené mléko a normální mléko a zamíchejte.
e) Poté přidejte tapiokové perly.

28. Ražené oranžové Chai

SLOŽENÍ:
- 3 šálky Velmi silný čaj
- ½ šálku pomerančový džus
- ⅓ šálku Citronová šťáva
- 1 lžička Cukr
- 2 šálky Zázvorové pivo
- Máta
- Plátky pomeranče

INSTRUKCE:
a) Smíchejte čaj, pomerančový džus, citronovou šťávu a cukr. Chlad.
b) Přidejte 2 šálky zázvorového piva.
c) Nalijte přes led.
d) Ozdobte mátou a plátky pomeranče. Výtěžek: 6 nápojů.

29.Rosy Black Chai

SLOŽENÍ:
- 2 díly okvětních lístků růže
- 1 díl černého čaje

INSTRUKCE:
a) Vložte okvětní lístky růží a černý čaj do skleněné nádoby.
b) Protřepejte, dokud se důkladně nepromíchá. Na jednu porci dejte jednu čajovou lžičku čaje do sítka.
c) Vložte sítko do svého oblíbeného hrnku. Čaj zalijte osmi uncemi vroucí vody.
d) Nechte louhovat ne déle než 5 minut. Vyjměte čaj a užívejte si.

30.Ibišek Rose Chai

SLOŽENÍ:
- 2 šálky vody
- 2 šálky mléka
- 4 čajové lžičky lístků černého čaje nebo 4 čajové sáčky
- 2 lžíce sušených okvětních lístků ibišku
- 1 polévková lžíce sušených růžových lístků
- Cukr nebo med podle chuti e

INSTRUKCE:
a) V hrnci přiveďte k mírnému varu vodu, mléko, okvětní lístky ibišku a okvětní lístky růží.
b) Přidejte čajové lístky nebo sáčky a vařte 5-7 minut.
c) C hai přeceďte, oslaďte cukrem nebo medem a vychutnejte si květinový nálev.

31. Mocktail arabského pistáciového čaje

SLOŽENÍ:
- 2 šálky silného arabského černého čaje, uvařeného
- ¼ šálku vyloupaných pistácií, drcených
- 2 lžíce medu nebo jednoduchého sirupu (podle chuti)
- ½ lžičky mletého kardamomu
- ¼ lžičky vanilkového extraktu
- Ledové kostky
- Drcené pistácie na ozdobu
- Listy máty a semena granátového jablka na ozdobu

INSTRUKCE:
a) Uvařte si silný šálek arabského černého čaje. Můžete použít sypané čajové lístky nebo čajové sáčky, podle vašich preferencí.
b) V hmoždíři nebo pomocí kuchyňského robotu rozdrťte vyloupané pistácie na hrubé kousky. Dát stranou.
c) V mixovací nádobě smíchejte uvařený černý čaj, drcené pistácie, med nebo jednoduchý sirup, mletý kardamom a vanilkový extrakt. Dobře promíchejte, aby se chutě propojily.
d) Směs se nechá vychladnout na pokojovou teplotu. Pro rychlejší vychladnutí můžete vychladit.
e) Po vychladnutí naplňte servírovací sklenice kostkami ledu.
f) Nalijte čaj s pistáciemi na led v každé sklenici.
g) Ozdobte každou sklenici posypem drcených pistácií, semeny granátového jablka a několika lístky máty pro osvěžení.
h) Před popíjením jemně promíchejte, aby se všechny chutě dobře propojily.

32.Nutty Chai Bliss

SLOŽENÍ:
- 2 šálky horkého uvařeného čaje chai
- ¼ šálku mandlového mléka
- 2 lžíce medu
- ¼ lžičky mleté skořice
- ¼ lžičky mandlového extraktu
- Ledové kostky
- Nakrájené pistácie na ozdobu

INSTRUKCE:
a) Čaj uvařte podle návodu na obalu.
b) V samostatné misce smíchejte mandlové mléko, med, mletou skořici a mandlový extrakt.
c) Uvařený chai čaj nalijte do sklenic naplněných kostkami ledu.
d) Jemně nalijte směs mandlového mléka na čaj chai.
e) Lehce promíchejte, aby se chutě spojily.
f) Ozdobte nasekanými pistáciemi.

33. Hyderabadi Dum Chai

SLOŽENÍ:
- 1 šálek vody
- 2 lžíce čajového prášku
- 1 lžíce cukru
- 1 palec zázvoru
- 6 lusků kardamomu
- ½ lžičky pepře
- 1 palec skořice
- ½ lžičky hřebíčku
- 2 šálky mléka

INSTRUKCE:
a) Nejprve vezměte do malé nádoby 1 šálek vody.
b) Nahoře svažte hadřík pomocí gumičky nebo nitě.
c) Přidejte 2 lžíce čajového prášku, 1 lžíci cukru, 1 palec zázvoru, 6 lusků kardamomu, ½ lžičky pepře, 1 palec skořice a ½ lžičky hřebíčku.
d) Umístěte nádobu do sporáku.
e) Na dno hrnce přidejte trochu vody.
f) Přikryjte a vařte pod tlakem na 1 hvizd nebo dokud všechny chutě nevstřebá voda.
g) Poté, co se tlak ustálí, odvar z hadříku vymačkejte.
h) Silný čajový odvar je připraven.
i) Do hrnce dejte 2 hrnky mléka a přiveďte k varu.
j) Přidejte připravený čajový odvar a dobře promíchejte.
k) Přiveďte čaj k varu.
l) Nakonec si vychutnejte recept na dum ki chai s několika sušenkami.

SNÍDANĚ

34.Chai Latte kaše

SLOŽENÍ:

- 180 ml polotučného mléka
- 1 lžíce světle měkkého hnědého cukru
- 4 lusky kardamomu, rozpůlené
- 1 badyán
- ½ lžičky mletého zázvoru
- ½ lžičky mletého muškátového oříšku
- ½ lžičky mleté skořice
- 1 ovesný sáček

INSTRUKCE:

a) Mléko, cukr, kardamom, badyán a ¼ lžičky zázvoru, muškátového oříšku a skořice dejte do malé pánve a za občasného míchání přiveďte k varu, dokud se cukr nerozpustí.

b) Sceďte do džbánu, celé koření vyhoďte, poté vraťte na pánev a pomocí vyluhovaného mléka uvařte oves podle návodu na obalu. Lžící do misky.

c) Smíchejte zbývající ¼ čajové lžičky každého zázvoru, muškátového oříšku a skořice dohromady, dokud se rovnoměrně nespojí, a poté použijte k poprášení vrchní části kaše pomocí šablony na latte, abyste vytvořili jedinečný vzor, chcete-li.

35. Chai kořeněná horká čokoláda

SLOŽENÍ:
- 2 šálky mléka (mléčné nebo alternativní mléko)
- 2 lžíce kakaového prášku
- 2 lžíce cukru (podle chuti)
- 1 čajová lžička čajových lístků (nebo 1 čajový sáček chai)
- ½ lžičky mleté skořice
- ¼ lžičky mletého kardamomu
- Špetka mletého zázvoru
- Šlehačka a posypka skořice na ozdobu

INSTRUKCE:
a) V hrnci zahřejte mléko na středním plameni, dokud nebude horké, ale ne vroucí.
b) Přidejte čajové lístky (nebo čajový sáček) do mléka a nechte 5 minut louhovat. Odstraňte čajové lístky nebo čajový sáček.
c) V malé misce prošlehejte kakaový prášek, cukr, skořici, kardamom a zázvor.
d) Do horkého mléka postupně zašlehejte kakaovou směs, dokud se dobře nespojí a nebude hladká.
e) Pokračujte v zahřívání kořeněné horké čokolády za občasného míchání, dokud nedosáhne požadované teploty.
f) Nalijeme do hrnků, potřeme šlehačkou a posypeme skořicí. Podávejte a užívejte si!

36.Dýňové palačinky Chai

SLOŽENÍ:
- 1 hrnek univerzální mouky
- 2 lžíce krystalového cukru
- 1 lžička prášku do pečiva
- ½ lžičky jedlé sody
- ¼ lžičky soli
- 1 lžička mleté skořice
- ½ lžičky mletého zázvoru
- ¼ lžičky mletého hřebíčku
- ¼ lžičky mletého kardamomu
- ¼ lžičky mletého muškátového oříšku
- 1 šálek podmáslí
- ½ šálku dýňového pyré
- ¼ šálku mléka
- 1 velké vejce
- 2 lžíce rozpuštěného másla

INSTRUKCE:
a) Ve velké míse prošlehejte mouku, cukr, prášek do pečiva, jedlou sodu, sůl, skořici, zázvor, hřebíček, kardamom a muškátový oříšek.
b) V jiné míse prošlehejte podmáslí, dýňové pyré, mléko, vejce a rozpuštěné máslo.
c) Nalijte mokré ingredience do suchých a míchejte, dokud se nespojí.
d) Rozehřejte nepřilnavou pánev nebo gril na střední teplotu a lehce je namažte.
e) Nalijte ¼ šálku těsta na pánev na každou palačinku. Vařte, dokud se na povrchu nevytvoří bublinky, poté otočte a vařte další 1-2 minuty.
f) Opakujte se zbývajícím těstem. Palačinky podávejte s kopečkem šlehačky, posypanou skořicí a pokapaným javorovým sirupem.

37. Kořeněné ovesné vločky s čajem

SLOŽENÍ:
- 3 ½ šálků plnotučného mléka, rozdělené
- 2 šálky vody
- ¼ lžičky soli
- 2 šálky staromódního rolovaného ovsa
- 1 lžička mleté skořice
- ½ lžičky mletého zázvoru
- ½ lžičky mletého kardamomu
- 4 lžičky tmavě hnědého cukru

POVLAHY:
- Ovoce, semena a ořechy

INSTRUKCE:
a) Ve středním hrnci smíchejte 3 šálky mléka, 2 šálky vody a sůl. Přiveďte směs k varu, odkrytou, na středně vysokém ohni za občasného míchání.
b) Přidejte ovesné vločky a snižte teplotu na střední. Vařte za občasného míchání, dokud nebude směs krémová a dostatečně hustá, aby pokryla zadní stranu lžíce. To by mělo trvat přibližně 8 až 10 minut.
c) Vmíchejte mletou skořici, zázvor a kardamom a ujistěte se, že se důkladně propojí. To by mělo trvat asi 30 sekund.
d) Hrnec sejmeme z ohně, přikryjeme a necháme nerušeně stát, dokud se většina tekutiny nevsákne. Obvykle to trvá asi 3 minuty.
e) Kořeněné ovesné vločky rozdělte do 4 misek a každou porci posypte hnědým cukrem a zbývající ½ šálku mléka.
f) Navrch dejte oblíbené ovoce, semena a ořechy.

38.Francouzský toast kořeněný chai

SLOŽENÍ:
- 1 lžička krystalového cukru
- 1 lžička mleté skořice
- ¼ lžičky mletého zázvoru
- ¼ lžičky kardamomu
- ¼ lžičky nového koření
- ¼ lžičky mletého hřebíčku
- Špetka soli
- 4 velká vejce
- ¾ šálku mléka
- 1 ½ lžičky vanilkového extraktu
- 4 lžíce másla
- 8 plátků briošky nebo chleba challah, nakrájené na ¾-1 palec tlusté

INSTRUKCE:
a) Ve středně mělké míse prošlehejte krystalový cukr, mleté koření (skořice, zázvor, kardamom, nové koření, hřebíček) a špetku soli. Tuto směs koření dejte stranou.
b) Předehřejte nepřilnavou pánev na středně nízkou teplotu.
c) Do směsi koření v mělké misce zašlehejte vejce, mléko a vanilkový extrakt.
d) Na předehřáté pánvi rozpusťte dvě lžíce másla.
e) Plátky chleba namáčejte v pudinkové směsi a ujistěte se, že jsou potažené z obou stran. To by mělo trvat asi 2-3 sekundy na každé straně.
f) Obalené plátky smažte na pánvi, pracujte v dávkách po 2 nebo 3 v závislosti na velikosti vaší pánve. Vařte asi 3-3 ½ minuty z každé strany nebo dokud nezezlátnou, podle potřeby přidejte další máslo.
g) Postup opakujte se zbývajícím pudinkem a plátky chleba.
h) Francouzský toast okořeněný chai podávejte teplý, doplněný máslem a sirupem nebo vaší oblíbenou polevou.
i) Vychutnejte si svůj lahodný a aromatický francouzský toast s kořením Chai!

39.Chai Latte Muffiny s Chai-Spiced Streusel

SLOŽENÍ:
PRO STREUSELA:
- ½ šálku krystalového cukru
- ½ lžičky mleté skořice
- ¼ lžičky mletého zázvoru
- ¼ lžičky mletého kardamomu
- 5 lžic univerzální mouky
- 3 lžíce slaného másla

NA MUFFINY:
- 1 šálek plnotučného mléka
- 2 čajové sáčky chai
- 2 ¼ šálků univerzální mouky
- 1 šálek krystalového cukru
- 2 ½ lžičky prášku do pečiva
- ⅔ lžičky soli
- 2 velká vejce, pokojové teploty
- ½ šálku rostlinného oleje
- 1 ½ lžičky vanilkového extraktu

INSTRUKCE:
PRO STREUSELA:
a) V malé misce smíchejte cukr, mletou skořici, mletý zázvor, mletý kardamom a mouku.
b) Cukrářským nožem nebo vidličkou nakrájejte máslo na suché ingredience. Tuto streuselovou směs odložte stranou.

NA MUFFINY:
c) Předehřejte troubu na 350 °F (175 °C).
d) Formičky na muffiny vyložte papírovou vložkou nebo je vystříkejte sprejem na pečení. Dát stranou.
e) V malém hrnci smíchejte plnotučné mléko a sáčky čaje chai.
f) Mléko zahřejte na páře, poté ho stáhněte z ohně a nechte alespoň 5 minut louhovat.
g) Ve velké míse prošlehejte univerzální mouku, krupicový cukr, prášek do pečiva a sůl. Tuto suchou směs dejte stranou.
h) Ve střední misce rozšlehejte vejce, rostlinný olej, vanilkový extrakt a čajové mléko.

i) Nalijte mokré přísady na suché přísady a míchejte, dokud se suché přísady zcela nespojí.
j) Každý košíček na muffiny naplňte těstem na muffiny asi do ¾.
k) Do každého muffinu nasypte velké množství připravené směsi streusel.
l) Pečte v předehřáté troubě 15-18 minut, nebo dokud nejsou muffiny hotové. Propečenost můžete zkontrolovat tak, že do středu muffinu zapíchnete párátko – mělo by vyjít čisté nebo s pár vlhkými drobky.
m) Před podáváním nechte muffiny mírně vychladnout.
n) Užijte si své nádherné Chai Latte Muffiny s Chai-Spiced Streusel jako chutnou snídani!

40. Super robustní granola kořeněná chai

SLOŽENÍ:
- ¼ šálku mandlového másla (nebo jakéhokoli ořechového/semínkového másla dle vašeho výběru)
- ¼ šálku javorového sirupu
- 2 lžičky vanilkového extraktu
- 5 lžiček mleté skořice
- 2-3 lžičky mletého zázvoru
- 1 lžička mletého kardamomu
- 1 ½ šálku ovesných vloček (v případě potřeby zajistěte bezlepkové)
- ½ šálku vlašských nebo pekanových ořechů, nahrubo nasekaných
- ¾ šálku neslazených kokosových vloček
- ¼ šálku syrových dýňových semínek (pepitas)

INSTRUKCE:
a) Předehřejte troubu na 325 stupňů F (160 ° C) a vyložte plech standardní velikosti pečicím papírem.
b) Ve střední míse smíchejte mandlové máslo, javorový sirup, vanilkový extrakt, mletou skořici, mletý zázvor a mletý kardamom. Šlehejte, dokud není směs hladká.
c) Do mísy se směsí mandlového másla přidejte ovesné vločky, nasekané vlašské nebo pekanové ořechy, neslazené kokosové vločky a syrová dýňová semínka. Důkladně promíchejte, aby se všechny suché ingredience rovnoměrně obalily.
d) Přeneste směs granoly na připravený plech a rozetřete ji do rovnoměrné vrstvy. Pokud děláte větší dávku, použijte další plechy podle potřeby.
e) Pečeme v předehřáté troubě 20-25 minut. Ke konci buďte opatrní, abyste zabránili popálení. Granola je hotová, když se rozvoní a ztmavne.
f) Poznámka: Pokud dáváte přednost extra tlusté granole, vyhněte se jejímu házení během pečení. Pro křehčí texturu granolu v polovině trochu promíchejte nebo přihoďte, aby se rozbily případné hrudky.

g) Jakmile je granola viditelně hnědá a voňavá, vyjměte ji z trouby. Jemně vmíchejte granolu, aby uniklo přebytečné teplo. Nechte úplně vychladnout na plechu nebo v tepelně bezpečné míse.
h) Uchovávejte svou super tlustou granolu kořeněnou chai v uzavřené nádobě při pokojové teplotě po dobu až 1 měsíce nebo v mrazáku po dobu až 3 měsíců.
i) Vychutnejte si granolu samotnou, s mlékem, jogurtem nebo posypanou ovesnou kaší pro lahodnou snídani nebo svačinu!

41.Chai vafle s banánovým krémovým sirupem

SLOŽENÍ:
SUCHÉ INGREDIENCE
- 1 ½ hrnku ovesné mouky
- 2 lžíce marantového škrobu
- 2 lžičky prášku do pečiva
- 1 ¼ lžičky skořice
- ½ lžičky mletého zázvoru
- ½ lžičky mletého kardamomu
- ¼ lžičky muškátového oříšku
- ¼ lžičky soli
- ⅛ lžičky mletého hřebíčku

MOKRÉ INGREDIENCE
- 1 ¼ šálku neslazeného mandlového nebo sójového mléka
- 3 lžíce mandlového másla
- 2 lžíce javorového sirupu
- 1 lžička vanilkového extraktu

BANÁNOVÝ KRÉMOVÝ SIRUP:
- 1 velký zralý banán
- ½-¾ šálku neslazeného mandlového nebo sójového mléka
- 2 datle medjool, vypeckované a namočené
- 1 lžička javorového sirupu
- ¾ lžičky vanilkového extraktu
- ⅛ lžičky skořice
- Špetka soli
- Volitelné: 2 lžíce konopných semínek nebo 1–2 lžíce ořechového másla

INSTRUKCE:
PRO CHAI VAFLE:
a) Ve velké míse smíchejte všechny suché ingredience a míchejte, dokud se dobře nespojí. Dát stranou.
b) Nastavte svůj vaflovač na střední teplotu nebo použijte nastavení ekvivalentní 4 na stojanovém vaflovači Cuisinart.
c) V mixéru smíchejte všechny mokré ingredience (neslazené mandlové nebo sójové mléko, mandlové máslo, javorový sirup a vanilkový extrakt). Míchejte, dokud není směs hladká.

d) Přidejte mokré ingredience z mixéru k suchým v míse. Důkladně promíchejte, dokud se dobře nespojí.
e) Vaflové těsto nalijte do vaflovače a vařte podle návodu vašeho vaflovače. Případně, pokud nemáte vaflovač, můžete použít nepřilnavou pánev. Nalijte ¼ - ⅓ šálku těsta na rozehřátou nepřilnavou pánev, vařte 3-5 minut, otočte a vařte další 2-3 minuty. Opakujte se zbývajícím těstem a vytvořte vafle nebo palačinky.
f) Podávejte své Chai vafle s čerstvým ovocem a banánovým krémovým sirupem nebo vámi preferovaným sladidlem.

NA BANÁNOVÝ KRÉMOVÝ SIRUP:
g) Datle Medjool namočte na 15 minut do misky s horkou vodou. Poté je vyjmeme z vody a dobře scedíme. Z datlí odstraňte pecky.
h) Do vysokorychlostního mixéru přidejte vypeckované datle, zralý banán, javorový sirup, vanilkový extrakt, skořici a špetku soli (případně i konopná semínka nebo ořechové máslo).
i) Míchejte, dokud není směs hladká. V případě potřeby přidejte více mandlového nebo sójového mléka, abyste dosáhli požadované konzistence sirupu.
j) Před podáváním nechte sirup 5 minut odležet.
k) Vychutnejte si své chai vafle s banánovým krémovým sirupem pro teplou, uklidňující a lahodnou snídani!

42.Chai biscotti s bílou čokoládou

SLOŽENÍ:
CHAI SMĚS KOŘENÍ:
- 1 lžička mleté skořice
- 2 lžičky mletého kardamomu
- 2 lžičky mletého zázvoru
- 1 lžička mletého muškátového oříšku
- 1 lžička mletého hřebíčku
- ½ lžičky mletého nového koření

BISCOTTI:
- ½ šálku nesoleného hnědého másla při pokojové teplotě
- ½ šálku světle hnědého cukru
- ½ šálku krystalového cukru
- 2 velká vejce, pokojové teploty
- 2 lžičky pasty z vanilkového lusku
- 2 ¼ šálků univerzální mouky
- 1 ¼ lžičky prášku do pečiva
- 1 lžíce směsi koření chai
- ½ lžičky košer soli

POLEVA:
- 4 unce bílé čokolády, rozpuštěné
- ½ lžičky směsi koření chai

INSTRUKCE:
PRO SMĚS KOŘENÍ CHAI:
a) V malé misce prosejeme všechny ingredience na směs koření chai. Uchovávejte jej ve vzduchotěsné nádobě pro budoucí použití.

NA BISKOTY:
b) Předehřejte troubu na 350 °F (175 °C) a vyložte plech pečicím papírem.

c) V míse stojanového mixéru vybaveného lopatkovým nástavcem (nebo ve velké míse pomocí ručního mixéru) ušlehejte hnědé máslo, hnědý cukr a krystalový cukr, dokud není směs hladká.

d) Přidejte vejce a vanilkovou pastu (nebo vanilkový extrakt) a šlehejte, dokud se nespojí.

e) Přidejte univerzální mouku, prášek do pečiva, směs koření chai a košer sůl. Míchejte, dokud nejsou všechny ingredience zcela začleněny.
f) Těsto rozdělte na dvě stejné části. Každou část položte na jednu stranu připraveného plechu na pečení a poklepejte je na dva obdélníky 10 x 2 palce, každý o tloušťce asi 1 palec. K tomuto kroku si můžete lehce namočit ruce.
g) Pečte 20 až 30 minut, nebo dokud nejsou špalky sušenek po celém povrchu zlatavě hnědé. Vyjměte je z trouby a nechte je 25 až 30 minut vychladnout.
h) Snižte teplotu trouby na 325 °F (160 °C).
i) Opatrně přeneste špalky biscotti na prkénko. Použijte rozprašovací láhev naplněnou vodou o pokojové teplotě k lehkému postříkání polen (stačí jeden sprej na každou část). Počkejte asi 5 minut a poté pomocí velmi ostrého zoubkovaného nože nakrájejte biscotti na ½ palce široké kousky.
j) Plátky biscotti položte zpět na plech a postavte je tak, aby mezi nimi byla asi ½ palce mezera, aby se umožnila cirkulace vzduchu. Pečte dalších 25 až 30 minut, nebo dokud nejsou suché a zlaté.
k) Vyjměte biscotti z trouby a přesuňte je na mřížku, aby vychladly na pokojovou teplotu.

K NÁPLNĚ:
l) V misce vhodné do mikrovlnné trouby rozpusťte bílou čokoládu v intervalech 30 sekund, dokud nebude hladká.
m) Pokud chcete, přidejte do rozpuštěné bílé čokolády malé množství směsi koření chai a promíchejte.
n) Vrchy chai biscotti pokapejte rozpuštěnou bílou čokoládou.
o) Před uložením biscotti nechte čokoládu zcela ztuhnout.
p) Podávejte biscotti kořeněné chai s vaším oblíbeným chai latte nebo kávou pro lahodnou pochoutku!
q) Vychutnejte si své domácí chai biscotti s bílou čokoládou!

43. Cruffins s kořením chai

SLOŽENÍ:
PRO BLOK MÁSLA:
- 2 tyčinky studeného nesoleného másla, nakrájené na kostky

NA TĚSTO BRIOCHE:
- 2 ¾ šálků univerzální mouky
- 3 lžíce cukru
- 1 ½ lžičky košer soli
- 1 lžíce instantního droždí
- 3 velká vejce, rozšlehaná
- ¼ šálku mléka, pokojové teploty
- 10 lžic másla, nakrájeného na 10 kusů, při pokojové teplotě

PRO KOŘENĚNÝ CUKR CHAI:
- 1 hrnek cukru
- 1 lžička mleté skořice
- 1 lžíce mletého zázvoru
- 1 lžíce mletého kardamomu
- 1 lžička mletého hřebíčku
- 1 lžička mletého muškátového oříšku
- 1 lžička mletého nového koření
- 1 lžička mletého černého pepře

NA MYTÍ VEJCE:
- 1 vejce, rozšlehané s 1 lžičkou vody

INSTRUKCE:
PRO BLOK MÁSLA:

a) Nechte máslo uležet při pokojové teplotě asi 5 minut.

b) Připravte si balíček z pergamenového papíru na tvarování bloku másla. Ustřihněte kus pergamenového papíru na 15" x 18" a přeložte jej na polovinu na 15" x 9".

c) Změřte 4" od horního a spodního okraje, poté složte podél značek, abyste vytvořili balíček 7" x 9". Nakonec změřte 2" od otevřeného okraje a složte podél značky, abyste vytvořili balíček 7" x 7". Dejte to stranou.

d) Ve stojanovém mixéru vybaveném lopatkovým nástavcem šlehejte máslo při nízké rychlosti, dokud nebude měkké, tvárné a hladké (bez použití vzduchu), což by mělo trvat 1–2 minuty.

e) Rozložte balíček pergamenu a umístěte máslo na jeden ze čtverců 7" x 7". Přehněte pergamenový papír podél původních záhybů, abyste uzavřeli máslo. Pomocí prstů nebo válečku rovnoměrně rozmístěte máslo v balíčku, abyste získali dokonalý čtverec 7" x 7". Během přípravy těsta dejte blok másla do lednice.

NA TĚSTO BRIOCHE:

f) Do mísy stojanového mixéru s hákem na těsto přidejte suché ingredience a krátce ručně promíchejte, aby se spojily. Přidejte rozšlehaná vejce, mléko a plátky másla pokojové teploty. Míchejte na nízké rychlosti asi 1 minutu, dokud suché ingredience nezvlhnou. Poté zvyšte rychlost na střední a hněťte, dokud není těsto hladké, lesklé a již se nelepí na mísu, což by mělo trvat 20–25 minut.

g) Z těsta vytvarujte kouli (bude velmi vláčná), vložte ji do lehce vymazané mísy, přikryjte a nechte 1 hodinu kynout. Těsto dejte na několik hodin nebo přes noc do lednice, dokud dobře nevychladne.

K LAMINOVÁNÍ TĚSTA:

h) Vyjměte blok másla z lednice, aby mírně změkl. Když je studené, ale tvárné, rozválejte těsto na lehce pomoučené ploše na obdélník 7 ½" x 14 ½". Pomocí štětce na pečivo odstraňte přebytečnou mouku.

i) Umístěte blok másla na levou polovinu těsta a ponechejte ½" okraj na horní, levé a spodní straně. Vtlačte máslo rovnoměrně do balíčku, ujistěte se, že vyplní rohy a okraje, čímž vznikne dokonalý čtverec 7" x 7". Dejte na 30 minut do lednice.

j) Po vychladnutí těsto rozválejte na obdélník 8" x 16" s dlouhými okraji rovnoběžnými s okrajem pracovní desky. Přeložte pravou stranu přes levou stranu namazanou máslem a ujistěte se, že všechny okraje jsou zarovnané a rohy se stýkají. Toto je jedna zatáčka. Těsto zakryjte plastovou fólií a dejte na 30 minut do chladu.

k) Tento postup opakujte ještě dvakrát (celkem tři otočky) a nechte těsto odpočinout v lednici alespoň 1 hodinu.

TVAROVÁNÍ A PEČENÍ:

l) Připravte směs kořeněného cukru chai smícháním všech koření s cukrem. ½ šálku této směsi si odložte na později.
m) Laminované těsto rozválejte na obdélník 8" x 18". Potřete celý povrch vaječným mýdlem, ponechejte ½" okraj podél jedné dlouhé strany bez vaječné omáčky.
n) Část těsta omytou vejci posypte cukernou směsí kořeněnou chai.
o) Těsto srolujte do pevného polena, začněte od dlouhého okraje pokrytého cukrem. Umístěte šev role dolů, aby se nerozvinul.
p) Odřízněte 1 palec od každého konce polena a odřezky vyhoďte. Nakrájejte poleno na osm 2" kusů.
q) Každý kousek vložte do formy na muffiny, volně přikryjte a nechte 1 až 1 ½ hodiny kynout, dokud nebudou velmi nafouklé, ale nezbytně nezdvojnásobí velikost.
r) Ke konci kynutí předehřejte troubu na 400 °F (200 °C).
s) Jemně potřete vršky a obnažené strany cruffinů vajíčkem a pečte 18–20 minut, nebo dokud nezezlátnou a vnitřní teplota uprostřed není 190 °F (88 °C).
t) Nechte cruffiny několik minut vychladnout, poté je opatrně vyjměte z pánve a ještě teplé je vhoďte do odložené směsi kořeněného cukru.
u) Kořeněné chai cruffiny položte na mřížku, aby vychladly.
v) Vychutnejte si své domácí Chai-Spiced Cruffins – vločkové croissantové muffiny s nádherným nádechem chai koření!

44.Chai kořeněné skořicové rolky

SLOŽENÍ:
NA TĚSTO:
- ¾ šálku podmáslí
- ¼ uncový balíček aktivního sušeného droždí
- ½ šálku krystalového cukru
- 6 lžic nesoleného másla, pokojová teplota
- 1 vejce, pokojová teplota
- ¼ lžičky soli
- 2 ¾ šálků univerzální mouky

PRO NÁPLŇ CHAI:
- 2 lžíce nesoleného másla, pokojová teplota
- 1 lžička mleté skořice
- 1 lžička mletého kardamomu
- 1 lžička mletého zázvoru
- 1 lžička mletého badyánu
- 1 lžíce čaje Earl Grey, mletého
- ¼ šálku světle hnědého cukru

NA JAVOROVOU LAKU:
- 2 lžíce kokosového mléka
- 1 lžíce javorového sirupu
- ¾ šálku moučkového cukru
- ½ lžičky vanilkového extraktu

INSTRUKCE:
NA TĚSTO:
a) Zahřívejte podmáslí v mikrovlnné troubě po dobu 40 sekund, dokud se nezahřeje. Pro tento krok použijte tekutou odměrku. Do teplého podmáslí přidejte droždí a cukr a promíchejte.
b) Do velké mísy dejte máslo pokojové teploty. Do mísy nalijte směs cukru/podmáslí. Šlehejte ručním nebo stojanovým mixérem, dokud se máslo nerozpustí.
c) Do směsi přidejte vejce a sůl. Míchejte až do úplného začlenění.
d) Nakonec přidejte mouku a míchejte, dokud nevznikne těsto.
e) Těsto vysypte na pomoučněnou plochu. Hněteme 3 minuty a necháme hodinu kynout. Stejně dlouho můžete těsto hníst i ve

stojanovém mixéru. Pokud se vám těsto stále zdá mokré, přidávejte po lžících mouky, dokud se vám už nelepí na ruce.
f) Těsto zakryjte mokrou utěrkou nebo hliníkovou fólií a nechte kynout 1 hodinu, nebo dokud nezdvojnásobí svůj objem.

PRO NÁPLŇ CHAI:
g) Zatímco těsto kyne, připravte si směs koření na náplň. V misce smíchejte mletou skořici, kardamom, zázvor, badyán a čaj Earl Grey. Dobře promícháme a dáme stranou.

SHROMÁŽDĚNÍ:
h) Jakmile je těsto hotové, vytlačte vzduch a rozválejte ho na čtverec o rozměrech 12 x 12 palců.
i) Povrch těsta rovnoměrně rozetřete máslem pokojové teploty.
j) Na máslem vymazané těsto posypeme hnědým cukrem a připravenou směsí koření.
k) Těsto rozválíme na špalek a nakrájíme na 9 stejných dílů. Nejprve rozřízněte poleno na 3 stejné kusy a poté každý z těchto kusů rozdělte na 3 stejné kusy.
l) Vložte skořicové závitky do vymazané pánve o rozměrech 9 x 9 palců a nechte je kynout další hodinu.

PEČENÍ:
m) Předehřejte troubu na 350 °F (177 °C).
n) Po konečném vykynutí pečte skořicové závitky odkryté 20-25 minut nebo dokud nejsou okraje světle hnědé.
o) Pro javorovou polevu:
p) Zatímco se skořicové rolky pečou, smíchejte všechny ingredience na polevu – kokosové mléko, javorový sirup, moučkový cukr a vanilkový extrakt – v míse a promíchejte do hladka.
q) Upečené skořicové rolky nechte 5–10 minut vychladnout, než je pokapete polevou.

45.Chai kořeněný chléb

SLOŽENÍ:
NA CHLÉB:
- ½ šálku nesoleného másla, změkčeného
- ¾ šálku krystalového cukru
- 2 velká vejce
- 2 lžičky vanilkového extraktu
- ½ šálku chai čaje nebo vody
- ⅓ šálku mléka
- 2 hrnky univerzální mouky
- 2 lžičky prášku do pečiva
- ½ lžičky soli
- 1 lžička mletého kardamomu
- ½ lžičky mleté skořice
- ¼ lžičky mletého hřebíčku

NA glazuru:
- 1 hrnek moučkového cukru
- ¼ lžičky vanilkového extraktu
- 3 lžičky mléka

INSTRUKCE:
NA CHLÉB:
a) Předehřejte troubu na 350 °F (175 °C) a vymažte formu na bochník nepřilnavým sprejem na vaření.
b) Ve velké míse ušlehejte změklé máslo a krystalový cukr, dokud není směs světlá a nadýchaná.
c) Vmíchejte vejce, vanilkový extrakt, chai čaj (nebo vodu) a mléko, dokud se ingredience dobře nespojí.
d) Vmíchejte univerzální mouku, prášek do pečiva, sůl, mletý kardamom, mletou skořici a mletý hřebíček, dokud se nespojí.
e) Těsto rovnoměrně rozetřeme do připravené ošatky.
f) Pečte při 350 °F po dobu 50-60 minut, nebo dokud nebude párátko vložené do středu čisté.

NA glazuru:
g) V malé misce smíchejte moučkový cukr, vanilkový extrakt a mléko, dokud nebude směs hladká a dobře spojená.
h) Jakmile chléb vychladne, nalijte na vrch polevu.
i) Nakrájejte, podávejte a vychutnejte si svůj kořeněný chléb Chai!

46.Chai kořeněné jablečné koblihy

SLOŽENÍ:
Jablečný mošt kobliha:
- ½ šálku redukovaného jablečného moštu
- 2 ¼ hrnku univerzální mouky, lžící a zarovnané
- ½ lžičky prášku do pečiva
- ½ lžičky jedlé sody
- 1 lžička skořice
- ½ lžičky muškátového oříšku
- ½ šálku slaného másla, rozpuštěného
- 1 šálek světle hnědého cukru, lehce zabalený
- 2 velká vejce, pokojová teplota
- ½ šálku jablečného másla

CHAI CUKR:
- 1 šálek krystalového cukru
- ¼ šálku světle hnědého cukru, lehce zabalený
- ½ lžičky skořice
- ¼ lžičky muškátového oříšku
- ¼ lžičky zázvoru
- ¼ lžičky hřebíčku
- ¼ lžičky nového koření
- ⅛ lžičky kardamomu
- Malá špetka mletého černého pepře
- ¼ šálku slaného másla, rozpuštěného

KARAMELOVÁ GLAZA (VOLITELNÉ):
- 1 šálek karamelu, pokojová teplota
- 1 hrnek moučkového cukru, lžičkou a zarovnaný
- ¼ lžičky skořice

INSTRUKCE:
a) Snižte množství jablečného moštu umístěním 1 ½ šálku jablečného moštu do středního hrnce na středně nízkou teplotu. Nechte vařit 10-15 minut, dokud se nesníží na ½ šálku.

b) Nalijte do tepelně bezpečné sklenice nebo šálku a nechte vychladnout, zatímco si spojíte zbytek ingrediencí.

DONUTS:

c) Předehřejte troubu na 425F (218C) konvekční (400F/204C konvenční) a vymažte tři formy na koblihy (nebo jednu po druhé).
d) Ve střední míse smíchejte mouku, prášek do pečiva, jedlou sodu, skořici a muškátový oříšek. Dát stranou.
e) Ve velké míse šlehejte zredukovaný jablečný mošt, rozpuštěné máslo, hnědý cukr, vejce a jablečné máslo, dokud se dobře nespojí.
f) Vmíchejte moučnou směs tak dlouho, dokud se mouka nezapracuje, a poté pomocí sáčku nebo lžíce naplňte formičky na koblihy.
g) Donuty pečte asi 8-10 minut, dokud nebudou zlatavě hnědé a při jemném zatlačení opět nevyskočí.
h) Vyklopte koblihy na mřížku a nechte je několik minut vychladnout.

CHAI CUKR:
i) Ve střední misce smíchejte krystalový cukr, hnědý cukr a koření.
j) Donuty jeden po druhém potírejte rozpuštěným máslem a ihned je vmíchejte do chai cukru, dokud nebudou zcela obalené. Opakujte se zbytkem koblih.

KARAMELOVÁ GLAZA (VOLITELNÉ):
k) Pokud děláte můj recept na domácí slaný karamel, můžete to udělat před začátkem, aby měl čas vychladnout.
l) Smíchejte 1 šálek karamelové omáčky s moučkovým cukrem a skořicí a šlehejte, dokud nebude úplně hladká.
m) OBYČEJNÉ koblihy namáčejte v polevě nebo je pokapejte pocukrovanými koblihami. Pocukrované koblihy nenamáčejte do polevy, jinak cukr do polevy jen spadne.

SVAČINKY

47. Chai kořeněné sušenky

SLOŽENÍ:

- 2 šálky křupavých rýžových obilovin
- 1 šálek mandlového másla
- ½ šálku medu
- 1 lžička směsi koření chai (skořice, kardamom, zázvor, hřebíček, muškátový oříšek)
- 1 lžička vanilkového extraktu
- Špetka soli

INSTRUKCE:

a) Ve velké míse smíchejte křupavé rýžové cereálie a směs koření chai.
b) V malém hrnci zahřejte na mírném ohni mandlové máslo, med, vanilkový extrakt a sůl a míchejte, dokud se dobře nespojí.
c) Směs mandlového másla nalijte na směs cereálií a koření a míchejte, dokud není vše rovnoměrně potaženo.
d) Ze směsi vytvarujte sušenky nebo vtlačte do vymazané zapékací mísy a nakrájejte na tyčinky.
e) Nechte v chladu asi 1 hodinu nebo dokud neztuhne.

48. Chai kořeněné churros

SLOŽENÍ:
PRO CHURROS:
- 1 ½ šálku univerzální mouky
- 2 lžíce směsi koření chai, rozdělené
- 2 lžičky košer soli, rozdělené
- ½ šálku krystalového cukru
- ½ šálku plnotučného mléka
- 3 lžíce nesoleného másla
- 1 lžička čistého vanilkového extraktu
- 1 bio vejce
- Řepkový olej (na smažení)
- Čokoládová omáčka, k podávání

NA KOŘENÍ CHAI:
- 3 tyčinky skořice, drcené
- 2 lžíce celého hřebíčku
- 1 lžíce celého černého pepře
- 1 lžíce fenyklového semínka
- 3 lžičky kardamomu
- 2 lžičky mletého zázvoru
- 2 lžičky mletého muškátového oříšku

NA ČOKOLÁDOVOU OMÁČKU:
- 6 uncí tmavé čokolády, nasekané
- 1 lžička kokosového oleje

INSTRUKCE:
PRO CHURROS:

a) Ve velké míse smíchejte mouku, 1 lžíci směsi koření chai a 1 lžičku soli. Míchejte, aby se spojily.

b) V samostatné misce přidejte cukr, zbývající směs koření chai a sůl. Míchejte, aby se spojily. Dát stranou.

c) Ve středním hrnci na středně vysokém ohni přiveďte k varu mléko, máslo, ½ šálku vody a vanilkový extrakt. Do hrnce přidejte moučnou směs a vařečkou intenzivně míchejte, dokud se těsto nespojí, asi 1 minutu. Přendejte do mísy stojanového mixéru a nechte mírně vychladnout.

d) Pomocí lopatkového nástavce na středně nízkou rychlost přidejte vejce a šlehejte, dokud nebude těsto hladké a lesklé asi 3 minuty. Těsto naplňte do churro tvořítka nebo připraveného cukrářského sáčku s hvězdicovou špičkou.
e) Přidejte olej do velkého hrnce, naplňte jej do poloviny stran a zahřejte ho na 325 ° F. Twist churro maker naplněný těstem do 4 palců dlouhých churros přímo do oleje jemně (nebo těsto) a smažte, dokud nejsou ze všech stran zlatavě hnědé, asi 5 minut. Přeneste je na plech vyložený papírem na pečení. Opakujte se zbývajícím těstem.
f) Přidejte teplé churros do odložené směsi chai-cukru. Podávejte s teplou čokoládovou polevou.

NA KOŘENÍ CHAI:
g) Do mlýnku na koření přidejte tyčinky skořice, hřebíček, černý pepř a fenykl. Rozdrťte 2 minuty na hladký prášek. Přidejte kardamom, zázvor a muškátový oříšek. Grilujte 20 sekund, dokud se vše dobře nespojí.
h) Směs koření chai skladujte ve vzduchotěsné nádobě a použijte podle potřeby.

NA ČOKOLÁDOVOU OMÁČKU:
i) Hořkou čokoládu vložte do misky vhodné do mikrovlnné trouby. Přidejte kokosový olej.
j) Čokoládovou směs zahřejte v mikrovlnné troubě po dobu 30 sekund, promíchejte ji a pokračujte v zahřívání a míchání v krátkých intervalech, dokud se čokoláda úplně nerozpustí.
k) Čokoládovou omáčku podávejte s churros. Užívat si!

49. Krekry s kořením Chai

SLOŽENÍ:
- 1 hrnek univerzální mouky (120 g)
- 1 lžíce práškových lístků černého čaje (z čajových sáčků)
- ½ lžičky mleté skořice
- ¼ lžičky mletého kardamomu
- ¼ lžičky mletého zázvoru
- ¼ lžičky prášku do pečiva
- ¼ lžičky soli
- 2 lžíce nesoleného másla, studeného a nakrájeného na kostky
- ¼ šálku mléka (60 ml)

INSTRUKCE:
a) Začněte předehřátím trouby na 350 °F (180 °C).
b) V míse smíchejte univerzální mouku, práškové lístky černého čaje, mletou skořici, mletý kardamom, mletý zázvor, prášek do pečiva a sůl. Suché ingredience míchejte, dokud nejsou dobře promíchané.
c) Do směsi suchých ingrediencí přidejte studené, na kostky nakrájené nesolené máslo.
d) Pomocí vykrajovátka na pečivo nebo konečky prstů zapracujte máslo do moučné směsi, dokud nebude připomínat hrubou strouhanku. Tento krok může trvat několik minut.
e) Do směsi nalijte mléko a míchejte, dokud nevznikne těsto. Těsto by se mělo spojit a mírně lepit.
f) Na pomoučené ploše těsto rozválejte na tenký, rovný plát. K tomuto účelu můžete použít váleček. Zaměřte se na tloušťku asi ⅛ palce.
g) Pomocí vykrajovátek nebo nožem nakrájejte těsto do požadovaných tvarů sušenek. Tyto nakrájené kousky položte na plech vyložený pečicím papírem.
h) Plech vložte do předehřáté trouby a pečte přibližně 10-12 minut, nebo dokud krekry nezezlátnou. Pečlivě je sledujte, protože doba pečení se může lišit v závislosti na tloušťce.
i) Po upečení vyjměte krekry z trouby a nechte je úplně vychladnout na mřížce. Při chladnutí budou křupavější.

50.Čaj kořeněné Madeleines

SLOŽENÍ:

- ⅔ šálku nesoleného másla, rozpuštěného
- 2 lžíce medu
- 2 velká vejce
- ½ šálku krystalového cukru
- 1 lžička čistého vanilkového extraktu
- 1 hrnek univerzální mouky
- 1 lžička prášku do pečiva
- 1 lžička mleté skořice
- ½ lžičky mletého zázvoru
- ¼ lžičky mletého kardamomu
- ¼ lžičky mletého hřebíčku
- ¼ lžičky mletého černého pepře
- Špetka soli
- Moučkový cukr na posypání (volitelně)

INSTRUKCE:

a) V malém hrnci rozpusťte na středním plameni nesolené máslo, dokud se úplně nerozpustí. Vmícháme med a necháme trochu vychladnout.

b) V míse prošlehejte vejce a krystalový cukr, dokud se dobře nespojí a lehce zpění. Přidejte čistý vanilkový extrakt a znovu prošlehejte, aby se zapracoval.

c) V samostatné misce smíchejte univerzální mouku, prášek do pečiva, mletou skořici, mletý zázvor, mletý kardamom, mletý hřebíček, mletý černý pepř a špetku soli. Dobře promíchejte, aby se koření rovnoměrně rozložilo.

d) Do vaječné směsi postupně přidávejte suché ingredience a po každém přidání jemně promíchejte, dokud není těsto hladké a dobře promíchané.

e) Do těsta pomalu přilévejte směs rozpuštěného másla a medu za stálého míchání, dokud se zcela nezapracuje.

f) Mísu zakryjte plastovou fólií a těsto dejte do chladničky alespoň na 2 hodiny, nejlépe přes noc. Chlazení těsta pomůže rozvinout chuť a zlepšit texturu madelein.

g) Předehřejte troubu na 375 °F (190 °C). Připravte si madeleinovou pánev tak, že ji vymažete trochou rozpuštěného másla nebo spreje na vaření. Pokud používáte nepřilnavou pánev, tento krok nemusí být nutný.
h) Vychlazené těsto vyndejte z lednice a jemně promíchejte, aby se dobře spojilo. Nalijte asi 1 polévkovou lžíci těsta do každé skořápkové dutiny madeleinové pánve a naplňte je asi do tří čtvrtin.
i) Naplněnou madeleinovou pánev vložíme do předehřáté trouby a pečeme 8–10 minut, nebo dokud madeleiny nevykynou a okraje nezezlátnou.
j) Vyjměte pánev z trouby a nechte madeleiny minutu nebo dvě vychladnout na pánvi, než je opatrně přenesete na mřížku, aby úplně vychladly.
k) Pokud chcete, vychlazené madeleiny před podáváním na závěr posypte moučkovým cukrem.

51. Chai kořeněné pražené ořechy

SLOŽENÍ:
- 4 šálky nesolených smíšených ořechů
- ¼ šálku javorového sirupu
- 3 lžíce rozpuštěného kokosového oleje
- 2 lžíce kokosového cukru
- 3 lžičky mletého zázvoru
- 2 lžičky mleté skořice
- 2 lžičky mletého kardamomu
- 1 lžička mletého nového koření
- 1 čajová lžička čistého vanilkového prášku
- ½ lžičky soli
- ¼ lžičky černého pepře

INSTRUKCE:
a) Předehřejte troubu na 325 °F (163 °C). Okrajový plech vyložte pečicím papírem a dejte stranou.
b) Ve velké míse smíchejte všechny ingredience kromě ořechů. Dobře promíchejte, aby vznikla chutná směs.
c) Do mísy přidejte rozmixované ořechy a házejte je, dokud nebudou rovnoměrně potažené kořeněnou směsí.
d) Obalené ořechy rozprostřete na připravený plech v rovnoměrné vrstvě.
e) Ořechy pečeme v předehřáté troubě asi 20 minut. Nezapomeňte otočit pánví a v polovině doby pečení ořechy promíchat, abyste zajistili rovnoměrné vaření.
f) Po dokončení vyjměte pražené ořechy z trouby a nechte je zcela vychladnout.
g) Uchovávejte pražené ořechy kořeněné chai ve vzduchotěsné nádobě při pokojové teplotě pro lahodné občerstvení.

52. Maple Chai Chex Mix

SLOŽENÍ:
- 4 šálky Rice Chex
- 3 šálky Cinnamon Cheerios
- 1,5 hrnku neslazených kokosových vloček (rozdělených)
- 1 šálek celých obyčejných mandlí
- 2 šálky preclíkových tyčinek
- ¼ šálku slaného másla
- 3 lžíce hnědého cukru
- 1 šálek javorového sirupu (rozdělený)
- 4 lžíce chai koření (rozděleno)
- 1 lžička košer soli (rozdělená)
- 2 šálky preclíků obalených jogurtem

INSTRUKCE:
a) Předehřejte troubu na 320 °F (160 °C) a plech vyložte po stranách pečicím papírem.
b) Ve velké míse smíchejte Rice Chex, Cinnamon Cheerios, 1 šálek kokosových vloček, celé mandle a preclíkové tyčinky. Dobře promícháme a dáme stranou.
c) V malém hrnci na středním plameni rozpustíme máslo.
d) Jakmile je máslo rozpuštěné, přidejte do hrnce hnědý cukr, ¾ šálku javorového sirupu a 1 polévkovou lžíci chai koření. Vše prošlehejte a přiveďte k varu.
e) Hrnec sejmeme z ohně a necháme 1 minutu odstát, poté směs nalijeme na směs Chex.
f) Přidejte zbývající chai koření do mísy a míchejte, dokud nejsou všechny ingredience rovnoměrně pokryty směsí rozpuštěného másla.
g) Potřenou směs rozetřeme na plech vyložený pečicím papírem a zajistíme rovnoměrnou vrstvu.
h) Směs posypte ½ lžičky košer soli a vložte plech do trouby. Pečte 15 minut.
i) Vyjměte plech z trouby, promíchejte směs a znovu ji rovnoměrně rozprostřete po plechu.
j) Chex mix pokapejte zbylou ¼ šálku javorového sirupu a vraťte do trouby. Pečte dalších 15 minut.

k) Chex mix vyndejte z trouby, posypte ho zbývající ½ lžičkou košer soli a nechte 10 minut vychladnout.
l) Po mírném vychladnutí přidejte do směsi Chex preclíky pokryté jogurtem a zbývající ½ šálku strouhaného kokosu. Jemně smíchejte ingredience dohromady, snažte se ponechat některé kousky nedotčené.
m) Nechte Maple Chai Chex Mix úplně vychladnout, než jej uložíte do vzduchotěsné nádoby. Užijte si svou lahodnou svačinu!

53.Chai kořeněná rýže Krispie pamlsky

SLOŽENÍ:
- ¼ lžičky mleté skořice
- ¼ lžičky mletého kardamomu
- ¼ lžičky mletého hřebíčku
- ¼ lžičky mletého zázvoru
- ¼ lžičky mletého badyánu
- 1 polévková lžíce čaje Earl Grey v prášku
- 6 šálků cereálií Rice Krispie
- 3 lžíce nesoleného másla, rozpuštěného
- 10 uncí marshmallows

INSTRUKCE:
a) Zapékací mísu 9x9 vyložte pečicím papírem.
b) Začněte přípravou směsi koření chai. Kombinujte kardamom, skořici, hřebíček, zázvor, badyán a čaj Earl Grey v mlýnku na koření nebo v kuchyňském robotu. Pulzujte, dokud se koření nerozemele na jemný prášek. Dát stranou.
c) Vložte cereálie Rice Krispie do velké mísy a dejte je stranou.
d) Ve středním hrnci na středním plameni rozpustíme máslo. Přidejte směs koření chai a marshmallows. Míchejte, dokud se vše důkladně nespojí.
e) Nalijte směs marshmallow okořeněnou chai na cereálie Rice Krispie z kroku 3. Míchejte, dokud nejsou cereálie rovnoměrně potažené.
f) Do připravené zapékací mísy o rozměrech 9x9 nalijte směs rýžových krispie a přitlačte ji stěrkou, aby se rovnoměrně rozprostřela.
g) Položte misku stranou a nechte ji asi 10 minut vychladnout, než nakrájíte a podáváte své nádherné pochoutky s kořeněnou rýží Chai Krispie Treats. Užívat si!

54. Energetické kuličky Chai Spice

SLOŽENÍ:
- 1 ½ šálku syrových kešu (210 g)
- ½ lžičky košer soli
- 1 lžička skořice
- ½ lžičky mletého zázvoru
- ¼ lžičky kardamomu
- 2 šálky datlí Medjool, bez pecek a balené (380 g)

INSTRUKCE:
a) Vložte kešu a koření do kuchyňského robotu s čepelí S. Zpracujte asi minutu.
b) Přidejte vypeckované datle Medjool. Zpracujte další 1-2 minuty, dokud se směs nezačne v procesoru shlukovat. Zastavte procesor a vyzkoušejte směs vymačkáním malého množství v dlani; měl by být velmi měkký a snadno se lepit.
c) Ze směsi vytvarujte kuličky o velikosti 1 ¼ palce, každá o hmotnosti přibližně 30 g.
d) Energetické kuličky skladujte ve vzduchotěsné nádobě v lednici nebo je zmrazte.
e) Užijte si tyto lahodné energetické kuličky Chai Spice, kdykoli budete potřebovat rychlou a výživnou svačinu!

55. Snickerdoodles kořeněné chai

SLOŽENÍ:
- ½ šálku cukru
- 2 lžičky mletého kardamomu
- 2 lžičky mleté skořice
- ½ lžičky mletého zázvoru
- ½ lžičky mletého hřebíčku
- ¼ lžičky mletého muškátového oříšku
- ½ šálku másla, změkčeného
- ½ šálku zkrácení
- 1 hrnek cukru
- 2 velká vejce, pokojová teplota
- 1 lžička vanilkového extraktu
- 2-¾ šálků univerzální mouky
- 2 lžičky tatarského krému
- 1 lžička jedlé sody
- Posypová sůl
- 1 balení (10 uncí) skořicových pečicích lupínků

INSTRUKCE:
a) Předehřejte troubu na 350 °F (175 °C).
b) Na kořeněný cukr smíchejte prvních 6 ingrediencí.
c) Ve velké míse ušlehejte změklé máslo, tuk, cukr a 2 lžíce kořeněného cukru, dokud není směs světlá a nadýchaná, což by mělo trvat asi 5–7 minut.
d) Rozšleháme vejce a vanilku.
e) V jiné míse prošlehejte mouku, smetanu z vinného kamene, jedlou sodu a sůl.
f) Do krémové směsi postupně zašlehejte suché ingredience.
g) Vmíchejte skořicové hranolky na pečení.
h) Těsto chlaďte zakryté, dokud není dostatečně pevné na tvarování, což by mělo trvat asi 1 hodinu.
i) Z těsta tvarujte 1-palcové kuličky a obalte je ve zbývajícím kořeněném cukru.
j) Kuličky pokládejte 2 palce od sebe na vymazané plechy.
k) Pečte, dokud neztuhnou, což by mělo trvat 11–13 minut.
l) Vyjměte sušenky z formiček a nechte je vychladnout na mřížkách.

56.Kořeněný popcorn na sporáku

SLOŽENÍ:

- 1 lžíce oleje
- ½ šálku (100 g) nevařených jader popcornu
- 1 lžička hrubé mořské soli
- 1 lžička garam masala, chaat masala nebo sambhar masala

INSTRUKCE:

a) V hluboké, těžké pánvi rozehřejte olej na středně vysokou teplotu.
b) Přidejte popcornová jádra.
c) Zakryjte pánev a stáhněte oheň na středně nízký.
d) Vařte, dokud se zvuk praskání nezpomalí, 6 až 8 minut.
e) Vypněte oheň a nechte popcorn s pokličkou ještě 3 minuty odležet.
f) Posypte solí a masalou. Ihned podávejte.
g) Kleštěmi vezměte po jednom papadu a zahřejte jej nad varnou deskou. Pokud máte plynový sporák, vařte ho přímo nad plamenem a dávejte pozor, abyste sfoukli kousky, které se vznítí. Neustále je obracejte tam a zpět, dokud nebudou všechny části uvařené a křupavé. Používáte-li elektrický sporák, zahřejte je na mřížce umístěné nad hořákem a nepřetržitě je převracejte, dokud nebudou křupavé. Buďte opatrní – snadno se připálí.
h) Papady naskládejte a ihned podávejte jako svačinu nebo k večeři.

57.Masala Papad

SLOŽENÍ:

- 1 (počet 6–10) balíček papad koupený v obchodě (vyrobený z čočky)
- 2 lžíce oleje
- 1 střední červená cibule, oloupaná a nasekaná
- 2 střední rajčata, nakrájená na kostičky
- 1–2 zelené thajské, serrano nebo kajenské chilli papričky, stonky zbavené, jemně nakrájené
- 1 lžička Chaat masala
- Prášek z červeného chilli nebo kajenský pepř, podle chuti

INSTRUKCE:

a) Kleštěmi vezměte po jednom papadu a zahřejte jej nad varnou deskou. Pokud máte plynový sporák, vařte jej přímo nad plamenem a dávejte pozor, abyste vyfoukli malé kousky, které se vznítí. Nejlepší způsob, jak je vařit, je neustále je obracet, dokud nebudou všechny části uvařené a křupavé.
b) Používáte-li elektrický sporák, zahřejte je na mřížce umístěné nad hořákem a nepřetržitě je převracejte, dokud nebudou křupavé. Buďte opatrní – snadno se připálí.
c) Papady rozložte na velký tác.
d) Cukrářským štětcem lehce potřete každý padpad olejem.
e) V malé misce smíchejte cibuli, rajčata a chilli.
f) Na každý papad dejte 2 lžíce cibulové směsi.
g) Doplňte každý papad posypem Chaat Masala a červeným chilským práškem. Ihned podávejte.

58. Pečené ořechy masala

SLOŽENÍ:

- 2 šálky (276 g) syrových kešu ořechů
- 2 šálky (286 g) surových mandlí
- 1 lžíce garam masala, chaat masala nebo sambhar masala
- 1 lžička hrubé mořské soli
- 1 lžíce oleje
- ¼ šálku (41 g) zlatých rozinek

INSTRUKCE:

a) Nastavte rošt trouby na nejvyšší pozici a předehřejte troubu na 425 °F (220 °C). Plech na pečení vyložte hliníkovou fólií pro snadné čištění.
b) V hluboké misce smíchejte všechny ingredience kromě rozinek, dokud nebudou ořechy rovnoměrně obaleny.
c) Ořechovou směs rozložte v jedné vrstvě na připravený plech.
d) Pečte 10 minut, v polovině doby vaření jemně promíchejte, aby se ořechy uvařily rovnoměrně.
e) Vyjměte pánev z trouby. Přidejte rozinky a nechte směs alespoň 20 minut chladnout. Tento krok je důležitý. Vařené ořechy se stanou žvýkacími, ale po vychladnutí získají zpět svou křupavost. Ihned podávejte nebo skladujte ve vzduchotěsné nádobě po dobu až jednoho měsíce.

59. Čajem kořeněné pražené mandle a kešu

SLOŽENÍ:

- 2 šálky (276 g) syrových kešu ořechů
- 2 šálky (286 g) surových mandlí
- 1 lžíce Chai masala
- 1 lžíce jaggery (gur) nebo hnědého cukru
- ½ lžičky hrubé mořské soli
- 1 lžíce oleje

INSTRUKCE:

a) Nastavte rošt trouby na nejvyšší pozici a předehřejte troubu na 425 °F (220 °C). Plech na pečení vyložte hliníkovou fólií pro snadné čištění.
b) V hluboké misce smíchejte všechny ingredience a dobře promíchejte, dokud nebudou ořechy rovnoměrně obaleny.
c) Ořechovou směs rozložte v jedné vrstvě na připravený plech.
d) Pečte 10 minut, v polovině doby vaření promíchejte, aby se směs propekla rovnoměrně.
e) Vyjměte plech z trouby a nechte směs asi 20 minut chladnout. Tento krok je důležitý. Vařené ořechy se stanou žvýkacími, ale po vychladnutí získají zpět svou křupavost.
f) Ihned podávejte nebo skladujte ve vzduchotěsné nádobě po dobu až jednoho měsíce.

60. Chai kořeněné pražené ořechy

SLOŽENÍ:
- 4 šálky nesolených míchaných ořechů
- ¼ šálku javorového sirupu
- 3 lžíce rozpuštěného kokosového oleje
- 2 lžíce kokosového cukru
- 3 lžičky mletého zázvoru
- 2 lžičky mleté skořice
- 2 lžičky mletého kardamomu
- 1 lžička mletého nového koření
- 1 čajová lžička čistého vanilkového prášku
- ½ lžičky soli
- ¼ lžičky černého pepře

INSTRUKCE:
a) Předehřejte troubu na 325 °F (163 °C). Okrajový plech vyložte pečicím papírem a dejte stranou.
b) Ve velké míse smíchejte všechny ingredience kromě ořechů. Dobře promíchejte, aby vznikla chutná směs.
c) Do mísy přidejte rozmixované ořechy a házejte je, dokud nebudou rovnoměrně potažené kořeněnou směsí.
d) Obalené ořechy rozprostřete na připravený plech v rovnoměrné vrstvě.
e) Ořechy pečeme v předehřáté troubě asi 20 minut. Nezapomeňte otočit pánví a v polovině doby pečení ořechy promíchat, abyste zajistili rovnoměrné vaření.
f) Po dokončení vyjměte pražené ořechy z trouby a nechte je zcela vychladnout.
g) Uchovávejte pražené ořechy kořeněné chai ve vzduchotěsné nádobě při pokojové teplotě pro lahodné občerstvení.

61. Cizrnové poppers

SLOŽENÍ:
- 4 šálky vařené cizrny nebo 2 12-uncové plechovky cizrny
- 1 lžíce garam masala, chaat masala nebo sambhar masala
- 2 lžičky hrubé mořské soli 2 lžíce oleje
- 1 čajová lžička prášku z červeného chilli, kajenského pepře nebo papriky a další na posypání

INSTRUKCE:
a) Nastavte rošt trouby na nejvyšší pozici a předehřejte troubu na 425 °F (220 °C). Plech na pečení vyložte hliníkovou fólií pro snadné čištění.
b) Cizrnu sceďte ve velkém cedníku asi 15 minut, aby se zbavila co největší vlhkosti. Pokud používáte konzervy, nejprve opláchněte.
c) Ve velké míse jemně promíchejte všechny ingredience.
d) Ochucenou cizrnu rozložte v jedné vrstvě na plech.
e) Vařte 15 minut. Plech opatrně vyndejte z trouby, jemně promíchejte, aby se cizrna uvařila rovnoměrně, a pečte dalších 10 minut.
f) Necháme 15 minut vychladnout. Posypte červeným chilským práškem, kajenským pepřem nebo paprikou.

62.Severoindický hummus

SLOŽENÍ:
- 2 šálky (396 g) vařených celých fazolí nebo čočky
- Šťáva z 1 středního citronu
- 1 stroužek česneku, oloupaný, oloupaný a nahrubo nasekaný
- 1 lžička hrubé mořské soli
- 1 lžička mletého černého pepře
- ½ lžičky praženého mletého kmínu
- ½ lžičky mletého koriandru
- ¼ šálku (4 g) nasekaného čerstvého koriandru
- ⅓ šálku (79 ml) plus 1 lžíce olivového oleje
- 1–4 polévkové lžíce (15–60 ml) vody
- ½ lžičky papriky, na ozdobu

INSTRUKCE:
a) V kuchyňském robotu smíchejte fazole nebo čočku, citronovou šťávu, česnek, sůl, černý pepř, kmín, koriandr a koriandr. Zpracujte, dokud se dobře nepromíchá.

b) Při stále běžícím stroji přidejte olej. Pokračujte ve zpracování, dokud není směs krémová a hladká, přidávejte vodu podle potřeby, 1 polévkovou lžíci.

DEZERT

63. Čajová konvice de Crème

SLOŽENÍ:

- 1 šálek husté smetany
- 1 šálek plnotučného mléka
- 2 polévkové lžíce sypané směsi čaje chai
- ⅓ šálku světle hnědého cukru
- 4 velké žloutky
- 1 lžička vanilkového extraktu
- Špetka mleté skořice a mletého kardamomu (volitelné, pro extra chuť)

INSTRUKCE:

a) Předehřejte troubu na 325 °F (160 °C). Na sporák postavte rychlovarnou konvici nebo hrnec s vodou k varu. Později to budete potřebovat do vodní lázně.
b) Ve středním hrnci smíchejte smetanu a plnotučné mléko. Směs zahřívejte na středním plameni, dokud se nezačne vařit, ale ne vřít. Hrnec sundejte z plotny.
c) Přidejte sypanou směs čaje chai do směsi smetany a mléka. Pokud chcete chutě zvýraznit skořicí a kardamomem, přidejte do směsi také špetku od každého. Jemně promíchejte, aby byl čaj zcela ponořený.
d) Nechte chai čaj louhovat ve směsi smetany a mléka asi 10-15 minut. Čím déle budete louhovat, tím silnější bude chuť chai.
e) Zatímco se čaj louhuje, v samostatné míse šlehejte žloutky a světle hnědý cukr, dokud nebude směs hladká a krémová.
f) Jakmile se čaj namočí, slijte smetanovo-mléčnou směs přes jemné síto, abyste odstranili čajové lístky a případné koření. Měli byste mít hladkou, vyluhovanou tekutinu.
g) Do mísy se žloutky a cukrem pomalu nalijte směs smetany a mléka napuštěnou chai a během nalévání neustále šlehejte. To slouží k temperování vajec, aby se zajistilo, že se nebudou míchat žárem.
h) Do směsi vmícháme vanilkový extrakt. Vanilka doplní chuť chai a dodá dezertu hloubku.
i) Nyní je čas připravit si ramekiny nebo pudinkové poháry. Směs rozdělte rovnoměrně mezi čtyři 6-uncové ramekiny.

j) Naplněné ramekiny vložte do velké zapékací mísy nebo pekáče. Vytvořte vodní lázeň opatrným naléváním horké vody do větší nádoby, dokud nebude sahat asi do poloviny stran ramekinů.
k) Zapékací mísu s raménky opatrně přendáme do předehřáté trouby. Pečte přibližně 30–35 minut, nebo dokud okraje nezezednou, ale střed se stále mírně chvěje.
l) Po dokončení vyjměte ramekiny z vodní lázně a nechte je chvíli vychladnout při pokojové teplotě.
m) Zakryjte ramekiny plastovou fólií a dejte do lednice alespoň na 2 hodiny nebo do úplného vychladnutí a ztuhnutí.
n) Před podáváním můžete Chai Tea Pot de Crème ozdobit posypem mleté skořice nebo kopečkem šlehačky.

64.Brownies s čajem Chai

SLOŽENÍ:
- 2 čajové sáčky chai
- 1 šálek nesoleného másla
- 2 šálky krystalového cukru
- 4 velká vejce
- 1 lžička vanilkového extraktu
- 1 hrnek univerzální mouky
- ½ šálku kakaového prášku
- ¼ lžičky soli
- ½ šálku nasekaných pekanových ořechů nebo vlašských ořechů (volitelně)

INSTRUKCE:
a) Předehřejte troubu na 350 °F a vymažte zapékací misku o rozměrech 9 x 13 palců.
b) V hrnci na mírném ohni rozpustíme máslo. Přidejte obsah sáčků čaje chai a nechte pár minut louhovat. Vyjměte čajové sáčky a nechte máslo mírně vychladnout.
c) V míse smíchejte rozpuštěné máslo, cukr, vejce a vanilkový extrakt. Dobře promíchejte.
d) V samostatné misce smíchejte mouku, kakaový prášek a sůl. Postupně přidávejte suché ingredience k mokrým a míchejte, dokud se nespojí.
e) Vmíchejte nasekané ořechy (pokud je používáte).
f) Těsto nalijeme do připravené zapékací misky a rovnoměrně rozprostřeme.
g) Pečte asi 25–30 minut, nebo dokud párátko zapíchnuté do středu nevyjde s pár vlhkými strouhankami.
h) Brownies nechte vychladnout, než je nakrájíte na čtverečky.

65.Chai kořeněná flan

SLOŽENÍ:

- 1 hrnek cukru
- 1 ½ šálku husté smetany
- ½ šálku plnotučného mléka
- 6 velkých žloutků
- ¼ lžičky soli
- 2 čajové sáčky chai
- 1 tyčinka skořice
- ½ lžičky mletého zázvoru
- ¼ lžičky mletého hřebíčku

INSTRUKCE

a) Předehřejte troubu na 325 °F.
b) Ve středním hrnci zahřejte cukr na středním plameni za stálého míchání, dokud se nerozpustí a nezezlátne.
c) Nalijte roztavený cukr do 9palcové ploché formy, krouživým pohybem potřete dno a boky formy.
d) V malém hrnci zahřejte na středním plameni smetanu, plnotučné mléko, sáčky čaje chai, tyčinku skořice, zázvor, hřebíček a sůl za stálého míchání, dokud se nerozvaří.
e) Odstraňte z ohně a nechte 10 minut louhovat.
f) V samostatné misce rozšleháme žloutky.
g) Ze smetanové směsi vyjměte čajové sáčky a tyčinku skořice a směs za stálého šlehání nalijte přes jemné síto ke žloutkům.
h) Nalijte směs do placky.
i) Formu vložte do velké zapékací mísy a naplňte jí tolik horké vody, aby sahala do poloviny stěn formy.
j) Pečte 50–60 minut, nebo dokud placka neztuhne a při zatřesení se mírně chvěje.
k) Vyjměte z trouby a nechte vychladnout na pokojovou teplotu, než dáte do lednice alespoň na 2 hodiny nebo přes noc.
l) Chcete-li podávat, přejeďte nožem kolem okrajů formy a překlopte ji na servírovací talíř.

66. Sendvič se zmrzlinou Chai Nut

SLOŽENÍ:
- 2 hrnky sójového nebo konopného mléka (plnotučného)
- ¾ šálku odpařeného třtinového cukru
- ¼ lžičky mleté skořice
- ¼ lžičky mletého zázvoru
- 1 lžička vanilkového extraktu
- 1½ šálku syrových kešu ořechů
- 4 čajové sáčky chai
- 1/16 lžičky guarové gumy

INSTRUKCE:
a) Ve velkém hrnci smíchejte mléko a cukr. Na středním plameni za častého šlehání přiveďte směs k varu.
b) Jakmile dosáhne varu, snižte teplotu na středně nízkou a neustále šlehejte, dokud se cukr nerozpustí, asi 5 minut.
c) Odstraňte z ohně, přidejte skořici, zázvor a vanilku a promíchejte, aby se vše spojilo.
d) Kešu oříšky a sáčky chai čaje vložte na dno žáruvzdorné misky a zalijte je horkou mléčnou směsí. Necháme úplně vychladnout. Po vychladnutí vymačkejte čajové sáčky a vyhoďte je.
e) Přeneste směs do kuchyňského robota nebo vysokorychlostního mixéru a zpracujte do hladka, podle potřeby zastavte, abyste oškrábali boky.
f) Ke konci zpracování přisypte guarovou gumu a ujistěte se, že je dobře zapracována.
g) Nalijte směs do misky 1½ nebo 2-litrového zmrzlinovače a zpracujte podle pokynů výrobce. Před sestavením sendvičů skladujte ve vzduchotěsné nádobě v mrazáku alespoň 2 hodiny.

NA VÝROBU CHLEBÍČKŮ
h) Nechte zmrzlinu mírně změknout, aby se dala snadno nabírat. Polovinu sušenek položte dnem nahoru na čistý povrch. Naberte na vršek každé sušenky jeden štědrý kopeček zmrzliny, asi ⅓ šálku.
i) Navrch zmrzlinu vložte zbývající sušenky tak, aby se spodní části dotýkaly zmrzliny. Jemně zatlačte na sušenky, abyste je vyrovnali.
j) Každý sendvič zabalte do plastového obalu nebo voskovaného papíru a před konzumací vraťte alespoň na 30 minut do mrazáku.

67. Indické Masala Chai Affogato

SLOŽENÍ:
- 1 kopeček masala chai gelato nebo zmrzliny
- 1 panák čaje chai
- drcená semínka kardamomu
- drcené pistácie

INSTRUKCE
a) Do servírovací sklenice vložte kopeček masala chai gelato nebo zmrzliny.
b) Gelato zalijte panákem čaje chai.
c) Posypeme drcenými semínky kardamomu.
d) Ozdobte drcenými pistáciemi.
e) Ihned podávejte a vychutnejte si teplé a aromatické chutě indického masala chai.

68.Chai-kokosové mléko Boba nanuky

SLOŽENÍ:
- 1 šálek připraveného Boba
- 8 uncí koncentrátu Chai
- 8 uncí kokosového mléka
- 10 nanukových tyčinek

INSTRUKCE:

a) Příprava Boba: Buď postupujte podle pokynů na obalu, nebo pokud jej kupujete ve velkém, smíchejte ¾ šálků sušené boby se 6 šálky vařící vody. Když boba začne plavat (za pár minut), stáhněte plamen na střední a nechte 12 minut vařit. Po 12 minutách vypněte teplo a nechte boba sedět v ohřáté vodě dalších 15 minut. Odstraňte děrovanou lžící.

b) Smíchejte boba, chai a kokosové mléko v misce nebo sklenici a nechte 30 minut odležet.

c) Po třiceti minutách sceďte tekutinu z boba, tekutinu si rezervujte. Boba rovnoměrně vkládáme do formiček na nanuky.

d) Umístěte směs chai-mléka do odměrky nebo jiné nádoby s výlevkou, abyste si usnadnili nalévání. Chai rovnoměrně nalijte do formiček na nanuky.

e) Na naplněné formičky položte víko formy na nanuky. Přidejte list fólie přes víko, abyste pomohli zajistit tyčinky nanuků. Vložte tyčinky do forem a vložte je do mrazáku. Zmrazte úplně.

f) Chcete-li vyjmout nanuky z forem, spusťte formičky (nikoli odkrytý vršek s tyčinkou) na několik sekund pod horkou vodou, dokud se nanuky snadno nevyjmou.

69. Chai Latte Cupcakes

SLOŽENÍ:
PRO SMĚS KOŘENÍ CHAI:
- 2 a ½ lžičky mleté skořice
- 1 a ¼ lžičky mletého zázvoru
- 1 a ¼ lžičky mletého kardamomu
- ½ lžičky mletého nového koření

NA KOŠÍČKY:
- 1 sáček čaje chai
- ½ šálku (120 ml) plnotučného mléka při pokojové teplotě
- 1 a ¾ šálku (207 g) koláčové mouky (lžící a zarovnané)
- 3 a ½ lžičky směsi koření chai (výše)
- ¾ lžičky prášku do pečiva
- ¼ lžičky jedlé sody
- ¼ lžičky soli
- ½ šálku nesoleného másla, změkčeného
- 1 šálek krystalového cukru
- 3 velké bílky, pokojové teploty
- 2 lžičky čistého vanilkového extraktu
- ½ šálku zakysané smetany nebo bílého jogurtu při pokojové teplotě

NA CHAI KOŘENOVÝ MÁSELNÝ KRÉM:
- 1 a ½ šálku nesoleného másla, změkčeného
- 5,5 – 6 šálků cukrářského cukru
- 2 čajové lžičky směsi koření chai, rozdělené
- ¼ šálku husté smetany
- 2 lžičky čistého vanilkového extraktu
- Špetka soli

VOLITELNÉ PRO OBLOŽENÍ:
- Tyčinky skořice

INSTRUKCE:
PŘIPRAVTE SMĚS KOŘENÍ CHAI:
a) Smíchejte všechna chai koření a vytvořte směs koření. Na těsto na košíčky, máslový krém a ozdobu budete potřebovat celkem 5 a ½ lžičky.

b) Zahřejte mléko, dokud nebude horké (ale ne vroucí), poté jej nalijte na sáček čaje chai. Nechte louhovat 20-30 minut. Před použitím v těstíčku na cupcaky se ujistěte, že má chai mléko pokojovou teplotu. To lze připravit den předem a vychladit.
c) Předehřejte troubu na 350 °F (177 °C) a vyložte formu na muffiny vložkami na košíčky. Připravte si druhou pánev se 2-3 vložkami podle tohoto receptu

UDĚLEJTE CUPCAKES:
d) V samostatné misce smíchejte mouku na koláč, 3 a ½ lžičky směsi koření chai, prášek do pečiva, jedlou sodu a sůl. Tuto suchou směs dejte stranou.
e) Ručním nebo stojatým mixérem ušlehejte máslo a krystalový cukr do hladka a krému (asi 2 minuty). Podle potřeby oškrábejte stěny mísy. Přidejte bílky a pokračujte v šlehání, dokud se nespojí (asi 2 minuty). Vmícháme zakysanou smetanu a vanilkový extrakt.
f) Na nízkou rychlost postupně přidávejte suché přísady do mokré směsi. Míchejte, dokud se nezapracuje. Poté, s mixérem stále na nízké úrovni, pomalu přilévejte chai mléko a míchejte, dokud se nespojí. Vyhněte se nadměrnému míchání; těsto by mělo být mírně husté a aromatické.
g) Těsto rozdělte na košíčky, každou naplňte asi do ⅔.
h) Pečte 20–22 minut, nebo dokud párátko zapíchnuté do středu nevyjde čisté.
i) U mini cupcaků pečte asi 11-13 minut při stejné teplotě trouby. Před polevou nechte košíčky úplně vychladnout.
j) Připravte máslový krém s kořením Chai: Pomocí ručního nebo stojanového mixéru s lopatkovým nástavcem šlehejte změklé máslo při střední rychlosti, dokud nebude krémové (asi 2 minuty). Přidejte 5½ šálků (660 g) cukrářského cukru, hustou smetanu, 1¾ lžičky směsi koření chai, vanilkový extrakt a špetku soli.
k) Začněte na nízké rychlosti po dobu 30 sekund, poté zvyšte na vysokou rychlost a šlehejte 2 minuty. Pokud se poleva zdá sražená nebo mastná, přidejte více cukrářského cukru, abyste dosáhli hladké konzistence.

l) V případě potřeby můžete přidat až ½ šálku cukrářského cukru. Pokud je poleva příliš hustá, přidejte lžíci smetany. Ochutnejte a pokud je poleva příliš sladká, dosolte.
m) Vychladlé cupcakes zmrazte a ozdobte dle libosti. Použijte nástavec Wilton 8B, přidejte tyčinky skořice na ozdobu a posypte směsí zbývající směsi koření chai a špetkou krystalového cukru.
n) Veškeré zbytky uchovávejte v lednici po dobu až 5 dnů.
o) Užijte si své domácí chai latte cupcaky!

70. Masala Chai Panna Cotta

SLOŽENÍ:
- ¼ šálku mléka
- 1 lžíce čajových lístků
- 1 tyčinka skořice
- 2 hřebíčky kardamomu
- ½ lžičky muškátového oříšku
- 2 šálky čerstvé smetany
- ⅓ šálku cukru
- Špetka černého pepře
- 1 lžička vanilkového extraktu
- 1 lžička želatiny
- 3 lžíce studené vody

INSTRUKCE:
a) Začněte tím, že namažete vnitřky čtyř šestiuncových ramekinů trochou oleje. Otřete je, abyste odstranili přebytečný olej.
b) V hrnci smíchejte mléko, čajové lístky, skořici, kardamom a muškátový oříšek. Přiveďte k varu, poté snižte plamen a nechte 2–3 minuty vařit.
c) Do hrnce přidejte smetanu, cukr a špetku černého pepře. Šlehejte na mírném ohni, dokud se cukr úplně nerozpustí. Vmícháme vanilkový extrakt.
d) Zatímco se směs vaří, rozkvete želatinu přidáním do studené vody. Jakmile plně rozkvete, zapracujte ji do směsi panna cotty, aby se dobře spojila.
e) Směs přeceďte pomocí sítka a gázoviny, abyste odstranili případné zbývající usazeniny. Tuto hladkou směs rozdělte na připravené ramekiny a nechte je vychladnout na pokojovou teplotu. Poté je dejte do chladničky minimálně na 3 hodiny, ale mohou být v chladničce až jeden den.
f) Chcete-li panna cottu odformovat, jemně přejeďte nožem po okrajích každého ramekinu. Poté ramekiny krátce ponořte do teplé vody asi na 3–4 sekundy. Nechte je ještě 5 sekund odležet a poté je překlopte na talíř. Jemným poklepáním pomůžete uvolnit panna cottu.
g) Užijte si svou vynikající Masala Chai Panna Cotta!

71. Rýžový nákyp s kořením Chai

SLOŽENÍ:
NA RÝŽI:
- 1 ½ šálku vody
- 1 (3-palcová) tyčinka skořice
- 1 celý badyán
- 1 šálek jasmínové rýže

NA PUDING:
- 1 ¼ lžičky mleté skořice a další na ozdobu
- 1 lžička mletého zázvoru
- ¾ lžičky mletého kardamomu
- ½ lžičky košer soli
- Špetka mletého černého pepře
- 1 lžička vanilkového extraktu
- 3 (13 ½ unce) plechovky neslazeného kokosového mléka, rozdělené
- 1 šálek baleného hnědého cukru
- Opékané kokosové vločky, volitelná obloha

INSTRUKCE:
a) Ve čtyřlitrovém hrnci smíchejte vodu, tyčinku skořice a badyán a přiveďte vodu k varu na středně vysokou teplotu. Přidejte rýži a snižte teplotu na minimum. Hrnec přikryjte a vařte v páře, dokud už nebude křupavý, asi 15 minut.

b) V malé misce smíchejte koření. Přidejte vanilkový extrakt a ¼ šálku kokosového mléka do koření a prošlehejte, abyste vytvořili hladkou pastu. To zabrání tomu, aby se koření shlukovalo, když je přidáte do dušené rýže.

c) Jakmile se rýže uvaří, přidejte do hrnce 4 šálky kokosového mléka a kořenící pastu. Oškrábejte dno hrnce, abyste uvolnili případnou přilepenou rýži.

d) Směs přiveďte na mírném ohni odkryté a vařte bez míchání 15 minut. Na povrchu rýžového nákypu by se měly vytvářet malé bublinky; pokud velké, rychle se pohybující bubliny narušují povrch mléka, snižte teplotu. Nemíchejte, protože nechcete, aby se rýže rozpadla. Na povrchu se vytvoří slupka, ale to je dobře!

e) Po 15 minutách přidejte hnědý cukr a zamíchejte pudink (přimíchejte i případnou slupku, která se vytvoří). Když oškrábete dno hrnce, bude to znít jako šustění papíru. Vařte dalších 20 minut za častého míchání nebo dokud pudink nezhoustne do konzistence majonézy.
f) Z pudingu vyjměte tyčinku skořice a badyán a vyhoďte. Pudink přemístěte do mělké misky (jako je koláčový talíř nebo kastrol) a chlaďte odkryté do chladu, alespoň 3 hodiny nebo až přes noc.
g) Těsně před podáváním vmícháme zbylé kokosové mléko. Pudink nandáme do jednotlivých misek a ozdobíme posypem mleté skořice a opraženými kokosovými lupínky.
h) Případné zbytky skladujte v zakryté nádobě v lednici po dobu až 3 dnů.

72.Chai Cheesecake

SLOŽENÍ:
SMĚS KOŘENÍ CHAI
- 1 lžička mletého zázvoru
- 1 lžička mleté skořice
- ½ čajové lžičky mletého hřebíčku, muškátového oříšku a kardamomu

KŮRA
- 7 uncí Biscoff/Speculoos sušenky, jemně drcené
- 1 unce másla, rozpuštěného
- 1 ½ čajové lžičky směsi koření Chai

NÁPLŇ CHEESECAKE
- 16 uncí smetanového sýra, změkčeného
- ½ šálku vrchovatého granulovaného cukru
- 2 unce zakysané smetany
- 1 unce těžkého krému
- 1 vanilkový lusk, škrábaný
- 2 čajové lžičky směsi koření Chai
- 2 velká vejce při pokojové teplotě

POLEVA
- 8 uncí těžké smetany ke šlehání
- 1 lžička vanilkového extraktu
- 2 polévkové lžíce moučkového cukru
- 2 čajové lžičky sušeného mléka

INSTRUKCE:
SMĚS KOŘENÍ CHAI
a) Předehřejte troubu na 350 F a namažte 8palcovou pružinovou formu nebo 8palcovou pánev s odnímatelným dnem. Dejte to stranou.
b) V malé misce smíchejte mletý zázvor, skořici, hřebíček, muškátový oříšek a kardamom. Šlehejte, dokud se dobře nespojí. Dát stranou.

KŮRA
c) V kuchyňském robotu přidejte sušenky Biscoff a pulzujte, dokud z nich nevzniknou jemné drobky.

d) Do velké mísy přidejte drobky, 1 ½ lžičky Chai koření a rozpuštěné máslo. Promíchejte, aby se spojily.
e) Směs rovnoměrně vytlačte po stranách a dně pánve. Pečte 10 minut v troubě.

TVAROHOVÝ KOLÁČ

f) Do mísy elektrického mixéru vybaveného lopatkovým nástavcem přidejte smetanový sýr. Šlehejte minutu.
g) Přidejte cukr, zakysanou smetanu, smetanu, vanilkové lusky a 2 lžičky Chai koření. Míchejte, dokud se nespojí.
h) Jakmile se spojí, přidejte vejce jedno po druhém, dokud se nespojí. Vyvarujte se přemísení, abyste předešli prasklinám.
i) Nalijte tvarohovou směs do předpečené kůry.
j) Umístěte pánev do 10palcové kulaté pánve nebo zabalte silnou vrstvu fólie kolem a nahoru po stranách pánve (to zabrání vniknutí vody dovnitř pánve).
k) Vložte pánve do pekáče a nalijte do pekáče vodu, dokud nebude do poloviny po stranách formiček na cheesecake. Dávejte pozor, aby se dovnitř cheesecake nedostala voda.
l) Pečte 60–70 minut, nebo dokud se nezachvěje pouze střed cheesecaku.
m) Po upečení troubu vypněte a nechte cheesecake v troubě 1 hodinu chladnout. Poté ochlaďte na pult další hodinu a chlaďte alespoň 8 hodin. Nejlepší je přes noc.

POLEVA

n) V míse elektrického mixéru s nástavcem na šlehání ušlehejte tuhou smetanu, vanilkový extrakt, moučkový cukr a sušené mléko, dokud nevzniknou tuhé vrcholy.
o) Do sáčku s hvězdicovou špičkou přidejte šlehačku a napijte ji na vychlazený cheesecake.
p) Na tvarohový koláč a šlehačku posypte zbývajícím Chai kořením.
q) Uchovávejte v lednici.

73. Masala Chai Tiramisu

SLOŽENÍ:
PRO MASALA CHAI:
- 1 šálek půl a půl nebo plnotučného mléka
- ¼ šálku husté smetany
- ½ palce čerstvého zázvoru, nahrubo rozdrceného v hmoždíři
- 1,5 lžíce sypaného černého čaje nebo 3 sáčky černého čaje
- 1 lžička chai masala
- 2 lžíce cukru

NA ŠLEHAČKU MASCARPONE:
- 8 uncí sýra mascarpone při pokojové teplotě
- 1,5 hrnku husté smetany
- ½ šálku krystalového cukru (může jít až na ⅓ šálku)
- 1,5 lžičky chai masala
- 20 berušek

PRO CHAI MASALA:
- 8 lusků zeleného kardamomu
- 2 hřebíčky
- Špetka anýzového prášku
- ¼ lžičky muškátového oříšku, čerstvě nastrouhaného
- ¼ lžičky prášku černého pepře
- ½ lžičky mleté skořice

INSTRUKCE:
UDĚLEJTE CHAI MASALA:
a) Otevřete lusky kardamomu a jemně rozdrťte semínka spolu s hřebíčkem v hmoždíři nebo použijte speciální mlýnek na koření/kávu.
b) V malé misce smíchejte práškový kardamom a hřebíček s anýzem, muškátovým oříškem, práškem z černého pepře a mletou skořicí. Vaše chai masala je připravena.

UDĚLEJTE MASALA CHAI:
c) V malém hrnci smíchejte půl na půl a hustou smetanu. Umístěte na sporák. Jakmile na stěnách hrnce uvidíte bublinky, přidejte zázvor, chai masalu, lístky černého čaje a cukr.

d) Necháme přejít varem a poté stáhneme plamen na nízký až střední stupeň. Nechte chai louhovat 5-8 minut. Dávejte pozor, abyste se nespálili.
e) Jakmile je chai uvařený a hustý a má intenzivní hnědou barvu, sceďte jej pomocí čajového sítka do velkého šálku a nechte vychladnout.
f) Jak chai chladne, vytvoří se film, což je přirozené, takže jej znovu sceďte do malé misky.

UDĚLEJTE ŠLEHANÉ MASCARPONE:
g) Přidejte změklé mascarpone spolu s chai masalou a 2-3 lžícemi husté smetany. Šlehejte na středním stupni pomocí stojanového mixéru nebo ručního mixéru po dobu 30–45 sekund, dokud nebude lehce nadýchaná.
h) Přidejte zbytek husté smetany do mísy a šlehejte, dokud neuvidíte měkké vrcholy. Pomalu přidávejte cukr a pokračujte v šlehání, dokud neuvidíte tuhé vrcholy.

SESTAVTE TIRAMISU:
i) Ponořte berušky do masala chai maximálně na 3 sekundy (jinak se rozmočí). Navrstvěte je do jedné vrstvy na dno pánve 8x8. Vyhněte se příliš těsnému balení berušek.
j) Na berušky přidáme polovinu našlehané směsi mascarpone. Pomocí špachtle jej vyhlaďte.
k) Opakujte s další vrstvou sluněček namočených v chai. Navrch dejte zbylou směs mascarpone a pomocí stěrky uhlaďte.
l) Pánev zakryjte potravinářskou fólií a dejte do chladničky alespoň na 6 hodin (nejlépe přes noc).
m) Před podáváním poprašte trochou chai masaly.

74. Chai Spice Apple Crisp

SLOŽENÍ:
NA JABLKOVOU NÁPLŇ CHAI SPICE:
- 10 středně velkých jablek, oloupaných a nakrájených na ¼" plátky
- 2 lžičky čerstvé citronové šťávy
- 2 lžíce univerzální mouky
- ½ šálku krystalového cukru
- 1 a ½ lžičky mleté skořice
- 1 lžička mletého zázvoru
- ½ lžičky muškátového oříšku
- ¼ lžičky hřebíčku
- ¼ lžičky nového koření
- ¼ lžičky mletého kardamomu
- ⅛ lžičky mletého černého pepře

NA OVĚSNÉ CHAI CRISP TOpping:
- 8 uncí nesoleného másla při pokojové teplotě nakrájíme na kostky
- 1 a ½ šálku staromódního ovsa
- ¾ šálku krystalového cukru
- ¾ šálku světle hnědého cukru, pevně zabalený
- ¾ lžičky mleté skořice
- ½ lžičky mletého zázvoru
- ¼ lžičky mletého hřebíčku
- ¼ lžičky nového koření
- ¼ lžičky mletého kardamomu
- ⅛ lžičky mletého černého pepře
- 1 hrnek univerzální mouky

INSTRUKCE:
NA JABLKOVOU NÁPLŇ CHAI SPICE:
a) Předehřejte troubu na 375 stupňů (F). Zapékací mísu o rozměrech 9 x 13 palců lehce vymažte tukem.
b) Nakrájená jablka dejte do velké mísy a promíchejte s citronovou šťávou.
c) Ve střední misce smíchejte mouku, cukr a koření. Touto směsí potřete jablka a dobře promíchejte, aby se obalila.

d) Jablečnou směs nalijte do připravené zapékací misky a dejte stranou, zatímco budete dělat drobenkovou polevu.

NA OVĚSNÉ CHAI CRISP TOpping:

e) Ve velké míse smíchejte oves, cukry, koření a mouku.
f) Přidejte nakrájené máslo a pomocí dvou vidliček nebo mixéru nakrájejte máslo na suché ingredience, dokud směs nebude připomínat hrubou mouku.
g) Polevu rovnoměrně potřeme jablky.
h) Vložte pánev do trouby a pečte 45 až 50 minut, nebo dokud není vršek zlatohnědý a jablka bublající.
i) Vyjměte z trouby a položte pánev na chladicí mřížku. Podávejte teplé, nejlépe se zmrzlinou.

75. Čokoládové lanýže kořeněné chai

SLOŽENÍ:

- 200 gramů kokosového krému
- 2 čajové lžičky Chai Masala/ Chai Spice Powder
- 400 gramů hořké čokolády při pokojové teplotě
- 2 polévkové lžíce kakaového prášku na válení lanýžů

INSTRUKCE:

a) V malém hrnci sotva zahřejte smetanu. Přidejte koření chai.
b) Smetanu a koření necháme 15 minut vyluhovat. Pro silnější chuť nechte smetanu vyluhovat 30–60 minut.
c) Nyní můžete smetanu přecedit nebo použít tak, jak je. Rozhodl jsem se ho používat bez napětí.
d) Smetanu znovu zahřejte na zcela teplou a přidejte čokoládu. Jemně míchejte, dokud se všechna čokoláda nerozpustí a nebude hladká a lesklá.
e) Přendejte do mělké misky a dejte na 30-40 minut do lednice.
f) Pomocí malé odměrky na sušenky nebo polévkové lžíce vydlabejte malé kuličky.
g) Můžete je dát do lednice na 10-15 minut. Vyválejte hladké kuličky a znovu dejte na pár minut do chladu.
h) Lanýže obalte v kakaovém prášku, ihned podávejte a užívejte si!

76.Chai zmrzlina

SLOŽENÍ:
- 2 hvězdičky badyánu
- 10 celých hřebíčků
- 10 celého nového koření
- 2 tyčinky skořice
- 10 kuliček celého bílého pepře
- 4 lusky kardamomu, otevřené na semena
- ¼ šálku plného černého čaje (ceylonská nebo anglická snídaně)
- 1 šálek mléka
- 2 šálky husté smetany (rozdělená, 1 šálek a 1 šálek)
- ¾ šálku cukru
- Špetka soli
- 6 žloutků (viz jak oddělit vejce)

INSTRUKCE:
a) Do těžkého hrnce dejte 1 hrnek mléka, 1 hrnek smetany a chai koření – badyán, hřebíček, nové koření, tyčinky skořice, zrnka bílého pepře a lusky kardamomu a špetku soli.
b) Směs zahřejte, dokud se nezapaří (ne vaří) a bude horká na dotek. Snižte teplotu, aby se zahřála, přikryjte a nechte stát 1 hodinu.
c) Směs znovu zahřejte, dokud nebude páře horká (opět ne vroucí), přidejte lístky černého čaje, stáhněte z ohně, vmíchejte čaj a nechte 15 minut louhovat.
d) Pomocí jemného síta sceďte čaj a koření a nalijte směs vyluhované mléčné smetany do samostatné misky.
e) Vraťte směs mléka a smetany do hrnce se silným dnem. Do směsi mléka a smetany přidejte cukr a za míchání zahřívejte, dokud se cukr úplně nerozpustí.
f) Zatímco se čaj v předchozím kroku louhuje, připravte si zbývající 1 šálek smetany na ledové lázni.
g) Nalijte smetanu do středně velké kovové misky a vložte ji do ledové vody (se spoustou ledu) přes větší misku. Na vrch misek nasaďte síto. Dát stranou.
h) Ve středně velké míse ušlehejte žloutky. Ohřátou mléčnou smetanovou směs pomalu přilévejte do žloutků za stálého

šlehání, aby se žloutky teplou směsí temperovaly, ale nevařily. Ohřáté žloutky seškrábněte zpět do hrnce.

i) Vraťte kastrol na sporák, směs za stálého míchání na středním plameni vařečkou škrábejte na dno, dokud směs nezhoustne a nepotáhne lžíci, abyste mohli přejet prstem po potahu a potah nestékal. To může trvat asi 10 minut.

j) Jakmile k tomu dojde, směs by měla být okamžitě odstraněna z tepla a přelita přes síto přes ledovou lázeň, aby se vaření v dalším kroku zastavilo.

KOKTEJLY A MOCKTAILY

77.Chai zázvorový bourbonový koktejl

SLOŽENÍ:
- 8 uncí bourbon whisky
- 1 sáček černého čaje
- 4 unce zázvorového piva
- ½ unce jednoduchého sirupu
- ½ unce čerstvé citronové šťávy
- 1 špetka pomerančového hořkého
- Tyčinky skořice na ozdobu

INSTRUKCE:
a) Zahřejte bourbon v malém hrnci na velmi mírném ohni, dokud nebude teplý; poté odstraňte z tepla.
b) Do teplého bourbonu přidejte sáček čaje a louhujte 10 minut. Nechte vychladnout.
c) Chcete-li připravit 1 koktejl, přidejte 2 unce whisky napuštěné čajem chai, zázvorové pivo, jednoduchý sirup, čerstvou citronovou šťávu a pomerančové bitters do koktejlového šejkru.
d) Přikryjte a protřepávejte, dokud se dobře nespojí a nevychladne.
e) Směs přecedťe do sklenice o objemu 8 uncí naplněné ledem.
f) Ozdobte tyčinkami skořice.
g) Užijte si svůj Chai Ginger Bourbon koktejl!

78.Chai Martini

SLOŽENÍ:
- 2 unce vodky
- 1 unce chlazeného koncentrátu chai
- ½ unce čerstvě vymačkané citronové šťávy
- Špetka mleté skořice
- Kostky ledu podle potřeby

PRO RÁFEK:
- ¼ lžičky mleté skořice
- 2 lžičky cukru

INSTRUKCE:
a) Smíchejte mletou skořici a cukr a vložte do malé misky. Okraj vychlazené sklenice jemně potřete limetkou a ponořte do směsi skořicového cukru.
b) Naplňte koktejlový šejkr kostkami ledu.
c) Do šejkru přidejte vodku, chlazený čajový koncentrát, čerstvou citronovou šťávu a špetku mleté skořice.
d) Směs intenzivně protřepávejte asi 30 sekund, aby se ingredience zchladily.
e) Směs nalijte do sklenice na martini.
f) Dokončete ozdobením tyčinkou skořice a ihned podávejte."

79. Chai bílá ruština

SLOŽENÍ:
- 2 šálky Chai Liqueur
- 2 šálky vodky
- 2 šálky husté smetany

INSTRUKCE:
a) Připravte si likér Chai.
b) Ve staromódní sklenici naplněné ledem smíchejte stejné díly vodky a likéru Chai.
c) Dokončete poléváním stejným množstvím husté smetany.

80. Vanilkový chai staromódní

SLOŽENÍ:
- 2 unce Crown Royal Vanilla
- 1 unce citronové šťávy
- 1 špetka pomerančového hořkého
- 1-2 unce čajového sirupu chai
- Perlivá voda, na zálivku
- Skořice a badyán na ozdobu

INSTRUKCE:
a) V koktejlovém šejkru smíchejte Crown Royal Vanilla, citronovou šťávu, pomerančové bitters a chai sirup. Dobře protřepejte, aby se chutě propojily.
b) Směs přecedíme do sklenice.
c) Pokud chcete, dolijte ji perlivou vodou.
d) Ozdobte svůj nápoj troškou skořice a badyánu pro extra nádech elegance.

81.Recept Chai Hot Toddy

SLOŽENÍ:
- 3 šálky vody
- 1 tyčinka skořice
- 6 celých hřebíčků
- 6 lusků kardamomu, mírně rozdrcených
- 2 čajové sáčky chai
- ¼ šálku kořeněného rumu nebo bourbonu
- 2 lžíce medu
- 1 polévková lžíce čerstvě vymačkané citronové šťávy nebo 2 kolečka citronu

INSTRUKCE:
a) Ve středním hrnci smíchejte vodu, tyčinky skořice, hřebíček a mírně rozdrcené lusky kardamomu. Pokud máte čajový louhovač, můžete do něj koření umístit, aby se později necedil. Směs přiveďte k varu.
b) Sundejte hrnec z ohně a přidejte sáčky čaje chai. Přikryjeme a necháme 15 minut louhovat. Poté směs přeceďte přes jemné síto, abyste odstranili čajové sáčky a koření.
c) Kořeněný čaj vraťte do pánve a zahřejte, dokud se nezahřeje.
d) Vmíchejte kořeněný rum (nebo bourbon), med a citrónovou šťávu, pokud chcete. Dobře promíchejte.
e) Rozdělte horké toddy mezi dva nahřáté hrnky a ihned podávejte. Případně podávejte každý hrnek s plátkem citronu na vymačkání šťávy podle chuti. Užívat si!

82. Cranberry Chai Sangria

SLOŽENÍ:
- 1 ½ šálku brusinkové šťávy
- 2 čajové sáčky chai
- 1 láhev pinot noir
- 1 šálek salzer s citrusovou příchutí
- ½ šálku zázvorové brandy
- 2 jablka, nakrájená na tenké plátky
- 2 pomeranče, nakrájené na tenké plátky
- 1 hruška, nakrájená na tenké plátky
- 1 šálek čerstvých brusinek
- 1 tyčinka skořice plus navíc na ozdobu

INSTRUKCE:
a) Brusinkovou šťávu zahřejte v hrnci na mírném ohni, dokud se téměř nerozvaří. Odstraňte z ohně a přidejte sáčky čaje chai. Nechte je 15 minut louhovat. Ochutnejte a zkontrolujte, zda je dostatečně kořeněný chai; v případě potřeby můžete proces opakovat s novým čajovým sáčkem.
b) Ve džbánu smíchejte nakrájená jablka, hrušky, brusinky a plátky pomeranče. Přidejte tyčinku skořice.
c) Nalijte máčenou chai brusinkovou šťávu, pinot noir, limonádu s citrusovou příchutí a zázvorovou brandy. Dobře promíchejte, aby se spojily.
d) Pokud chcete, nechte sangrii 30 minut odležet, aby se chutě spojily.
e) Pro podávání naplňte sklenici ledem a plátky pomeranče. Navrch nalijte chai sangrii a ozdobte trochou ovoce a několika tyčinkami skořice. Užívat si!

83.Chai Prskavka

SLOŽENÍ:
- 8 uncí koncentrátu Masala Chai
- 8 uncí perlivé minerální vody
- Kousek limetky

INSTRUKCE:
a) Naplňte sklenici ledem.
b) Přidejte Masala Chai Concentrate do sklenice.
c) Nalijte perlivou minerální vodu.
d) Na směs vymačkejte limetku.
e) Zamíchejte ingredience, aby se zapracovaly.
f) Ozdobte limetkovou kůrou nebo plátkem.
g) Užijte si osvěžující Chai Sparkler!

84. Chai malinová limonáda

SLOŽENÍ:
- ¾ šálku ledu
- 1 unce limonádového koncentrátu, 7+1, rozmrazeno
- 1 unce malinového sirupu
- 2 unce Original Chai Tea Latte
- 6 uncí citronovo-limetkové sody
- 2 čerstvé červené maliny
- 1 plátek citronu, oříznutý a nakrájený na plátky

INSTRUKCE:
a) Umyjte si ruce a všechny čerstvé, nebalené produkty pod tekoucí vodou. Dobře sceďte.
b) Vložte led do sklenice na nápoje o objemu 16 uncí.
c) Nalijte limonádový koncentrát, malinový sirup, čajový koncentrát chai a citronovo-limetkovou sodu na led a důkladně promíchejte barovou lžičkou s dlouhou rukojetí.
d) Maliny napíchejte nebo natrhejte.
e) Nakrájejte polovinu nakrájeného citronu.
f) Na okraj sklenice položte špíz nakrájený na plátky citronu a maliny.
g) Užijte si svou malinovou limonádu Chai!

85. Ch ai chladič

SLOŽENÍ:
- ¾ šálku chai, chlazené
- ¾ šálku vanilkového sójového mléka, chlazeného
- 2 polévkové lžíce koncentrátu zmrazené jablečné šťávy, rozmražené
- ½ banánu, nakrájeného a zmrazeného

INSTRUKCE:
a) V mixéru smíchejte chai, sójové mléko, koncentrát jablečné šťávy a banán.
b) Mixujte, dokud nebude hladká a krémová.
c) Ihned podávejte.

86. Perský šafrán A Růžový čaj

SLOŽENÍ:
- ½ čajové lžičky nití šafránu, plus navíc na ozdobu
- 1½ unce růžových okvětních lístků růží a navíc na ozdobu
- 4 kusy badyánu plus navíc na ozdobu
- 4 zelené lusky kardamomu, lehce rozdrcené
- 4 lžičky medu
- 2 lžičky citronové šťávy

INSTRUKCE:
a) V hrnci uvařte šafránové prameny, okvětní lístky růží, badyán a lusky kardamomu s 5 šálky vody.
b) Sceďte do 6 sklenic. Do každé sklenice vmíchejte 1 lžičku medu a ½ lžičky citronové šťávy.
c) Ozdobte několika vlákny šafránu, růžovými lístky a badyánem a podávejte horké.

87.Kořeněný čaj Baklava Mocktail

SLOŽENÍ:
- 1 šálek silného uvařeného heřmánkového čaje, chlazeného
- 1 lžíce medu nebo jednoduchého sirupu (podle chuti)
- ¼ lžičky mleté skořice
- ¼ lžičky vanilkového extraktu
- 2 lžíce nasekaných pistácií (na ozdobu)
- Drcený led
- Klínek citronu (na lemování sklenice)
- nasekané vlašské ořechy (na ozdobu)

INSTRUKCE:
a) Uvařte si šálek heřmánkového čaje a dejte vychladit do lednice.
b) V mělké misce smíchejte malé množství mleté skořice a cukru. Sklenici ohraničte měsíčkem citronu a poté ji ponořte do směsi skořice a cukru, aby byl okraj potažen.
c) Naplňte sklenici drceným ledem.
d) V šejkru smíchejte vychlazený heřmánkový čaj, med nebo jednoduchý sirup, mletou skořici a vanilkový extrakt. Dobře protřepejte, aby se spojily.
e) Směs přecedíme do připravené sklenice přes drcený led.
f) Mocktail ozdobte nasekanými pistáciemi a navrch posypte nasekanými vlašskými ořechy.
g) Volitelně můžete přidat citronový twist pro extra výbuch chuti.
h) Před popíjením jemně promíchejte a vychutnejte si Baklava Bliss Mocktail!

88. Čaj z růžového pepře

SLOŽENÍ:
- 1 lžíce růžového pepře, drceného
- 3½ unce cukru
- 4 čajové lžičky čajových lístků Darjeeling
- 8 snítek čerstvých lístků máty

INSTRUKCE:
a) V hrnci smíchejte kuličky pepře s cukrem a 4 uncemi vody.
b) Vařte 6 minut.
c) Směs sceďte do jiného hrnce, přidejte 4 hrnky vody a přiveďte k varu.
d) Přidejte čajové lístky a lístky máty a louhujte 1 minutu.
e) Čaj sceďte do 4 šálků.

89.Limetka A čaj Mocktail

SLOŽENÍ:
- 2 šálky silného uvařeného černého čaje, vychlazeného
- ¼ šálku čerstvé limetkové šťávy
- 2 lžíce medu
- ½ lžičky nastrouhané limetkové kůry
- ¼ lžičky mletého kardamomu
- Ledové kostky
- Sodovka
- Plátky limetky na ozdobu

INSTRUKCE:
a) Ve džbánu smíchejte vychlazený uvařený černý čaj, čerstvou limetkovou šťávu, med, limetkovou kůru a mletý kardamom.
b) Důkladně míchejte, dokud se med zcela nerozpustí a chutě se vylouhují.
c) Naplňte sklenice kostkami ledu a nalijte směs čaje a limetky na led, ponechte nahoře trochu místa.
d) Doplňte každou sklenici sodou pro bublinkový závěr.
e) Pro živou prezentaci ozdobte plátky limetky.
f) Jemně promíchejte, aby se chutě propojily.
g) Užijte si mocktail z arabské limetky a čaje jako revitalizační pochoutku.

90.Kořeněné chai tango

SLOŽENÍ:
- 2 šálky silného uvařeného čaje chai
- ½ lžičky mletého zázvoru
- ¼ lžičky mletého kardamomu
- ¼ lžičky mleté skořice
- 2 lžíce medu
- Ledové kostky
- Plátky citronu na ozdobu

INSTRUKCE:
a) Uvařte si čaj chai, aby byl silný.
b) V misce smíchejte uvařený čaj chai s mletým zázvorem, mletým kardamomem, mletou skořicí a medem.
c) Dobře promíchejte, dokud se koření zcela nezapracuje.
d) Naplňte sklenice kostkami ledu.
e) Nalijte kořeněnou směs chai na led.
f) Ozdobte plátky citronu.

91.Melasový čaj z pomeranče a granátového jablka

SLOŽENÍ:
- 100 ml čerstvé pomerančové šťávy
- 200 ml sodové vody
- ½ lžíce melasy z granátového jablka
- Čerstvě uvařený ledový čaj (volitelné)
- Kostky ledu (volitelné)

INSTRUKCE:
a) Do sklenice nalijte čerstvou pomerančovou šťávu a melasu z granátového jablka.
b) Pokud chcete, přidejte trochu čerstvě uvařeného ledového čaje pro další vrstvu chuti.
c) Ingredience promíchejte, aby se chutě propojily.
d) Pokud máte kostky ledu, přidejte pár, abyste zvýšili chladivý faktor.
e) Vypijte svůj ledový čaj mocktail z pomerančové a granátové melasy brčkem a vychutnejte si chladnou a zářivou chuť.
f) Užijte si jednoduchost tohoto osvěžujícího nápoje – ideální pro horké letní dny!

92.Citrusová blaženost heřmánku

SLOŽENÍ:
- 2 šálky uvařeného heřmánkového čaje, vychlazeného
- ½ šálku pomerančové šťávy
- 1 lžíce medu
- Tenké plátky pomeranče na ozdobu
- Ledové kostky
- Čerstvé květy heřmánku na ozdobu (volitelné)
- Volitelně: tyčinka skořice

INSTRUKCE:
a) V míse smíchejte vychlazený heřmánkový čaj, pomerančový džus a med a míchejte, dokud se dobře nepromísí.
b) Naplňte dvě sklenice kostkami ledu a nalijte na led heřmánek Citrus Serenity.
c) Pokud chcete, přidejte volitelnou tyčinku skořice pro nádech tepla a koření.
d) Ozdobte každou sklenici tenkými plátky pomeranče, a pokud je k dispozici, čerstvými květy heřmánku pro příjemnou prezentaci.
e) Jemně promíchejte a vychutnejte si uklidňující kombinaci heřmánku a citrusů v tomto Chamomile Citrus Serenity.

93. Hibiscus-Ginger On The Rocks

SLOŽENÍ:
- 1½ unce sušených květů ibišku nebo šípku
- 2 hřebíčky
- 1 lžička hnědého cukru
- 1 lžička lístků zeleného čaje
- 2 lžičky čerstvé pomerančové kůry
- 2 kusy čerstvého zázvoru, jemně nastrouhaného
- led

INSTRUKCE:
a) V hrnci nebo hrnci smíchejte květy ibišku, hřebíček a hnědý cukr s 1 litrem vody a vařte na mírném ohni.
b) Vařte 5 minut, dokud se cukr nerozpustí.
c) Přidejte čajové lístky, pomerančovou kůru a zázvor.
d) Sundejte z ohně a nechte čaj vychladnout. Scedíme a dáme do lednice do vychladnutí.
e) Vychlazený čaj nalijte do 4 sklenic a podávejte s ledem.

94.Ibišek-hroznový ledový čaj Mocktail

SLOŽENÍ:
- 1 šálek bílé hroznové šťávy
- 1 šálek ibiškového čaje
- Ledové kostky
- ½ šálku sycené vody
- Plátky pomeranče na ozdobu

INSTRUKCE:
a) Šťávu z bílých hroznů vmíchejte do ibiškového čaje, dokud se dobře nespojí.
b) Směs nalijte na led do 2 velkých sklenic.
c) Do každé sklenice nalijte sycenou vodu, abyste do makety přidali šumivý prvek.
d) Každou sklenici ozdobte plátky čerstvého pomeranče.
e) Před popíjením jemně promíchejte a vychutnejte si živé chutě tohoto mocktailu z ibišku a hroznů.

95. Ledový čaj z pomerančových květů

SLOŽENÍ:
- 4 sáčky černého čaje
- 4 šálky horké vody
- ¼ šálku vody z pomerančových květů
- Cukr nebo med (podle chuti)
- Ledové kostky
- Plátky pomeranče na ozdobu

INSTRUKCE:
a) Sáčky černého čaje namočte do horké vody asi 3-5 minut.
b) Přidejte vodu z pomerančových květů a oslaďte cukrem nebo medem.
c) Dobře promíchejte a nechte čaj vychladnout, poté dejte do lednice.
d) Podávejte na kostkách ledu, ozdobené plátky pomeranče.

96.Jasmín Jallab

SLOŽENÍ:

- 6 lžic datlového sirupu (silan nebo datlový med)
- 6 lžic hroznové melasy
- 6 lžic sirupu z granátového jablka (nebo grenadiny)
- 3 lžičky růžové vody
- Drcený led
- 3 lžíce piniových oříšků (syrových), k podávání
- 3 lžíce zlatých rozinek, k podávání
- 1 sáček jasmínového čaje

INSTRUKCE:

a) V karafě smíchejte datlový sirup, hroznovou melasu, sirup z granátového jablka a růžovou vodu.
b) Ke směsi přidejte studenou vodu a důkladně promíchejte, aby se spojila.
c) Do směsi vložte sáček jasmínového čaje a nechte vyluhovat.
d) Jednotlivé sklenice naplňte drceným ledem.
e) Nalijte směs Jallab na led v každé sklenici.
f) Naplňte každou sklenici syrovými piniovými oříšky.
g) Zlaté rozinky případně rehydratujte tak, že je umístíte do malé misky se sáčkem jasmínového čaje. Zalijte vroucí vodou a nechte 5-10 minut odležet. Sceďte a doplňte svůj nápoj Jallab rozinkami.
h) Podávejte okamžitě a vychutnejte si autentické chutě Jallab, skutečnou chuť levantské pohostinnosti. Na zdraví!

97.Osvěžovač egyptského beduínského čaje

SLOŽENÍ:
- 4 lžičky beduínského čaje (nebo sušeného tymiánu nebo sušené šalvěje)
- 4 čajové lžičky sušených organických poupat růží
- 1 tyčinka skořice
- 4 čajové lžičky sypaného černého čaje (běžného nebo bezkofeinového)
- Cukr, je-li to žádoucí
- Plátky citronu na ozdobu (volitelně)

INSTRUKCE:
a) V konvici nebo rendlíku zahřejte 4½ šálků vody, beduínský čaj, sušená poupata růží, tyčinku skořice a sypaný černý čaj na vysoké teplo.
b) Jakmile se voda vaří, snižte teplotu na minimum a vařte 5 minut.
c) Vypněte oheň a čaj louhujte přikrytý dalších 5 minut.
d) Čaj sceďte do šálků a nechte aromatickou směs naplnit vzduch.
e) V případě potřeby oslaďte cukrem a upravte na preferovanou úroveň sladkosti.
f) Každou sklenici ozdobte plátkem citronu
g) Pro osvěžení nechte čaj vychladnout a podávejte na ledu.

98. Čajový mocktail inspirovaný Vimto

SLOŽENÍ:
- 2 šálky silného arabského černého čaje, uvařeného
- ½ šálku Vimto koncentrátu (upravte podle chuti)
- 1 lžíce medu nebo cukru (podle chuti)
- ¼ lžičky mleté skořice
- Ledové kostky
- Čerstvé bobule (jako ostružiny a maliny) na ozdobu
- Lístky máty na ozdobu

INSTRUKCE:
a) Připravte si silný šálek arabského černého čaje. Můžete použít sypané čajové lístky nebo čajové sáčky podle vašich preferencí.
b) Ve džbánu smíchejte uvařený černý čaj s koncentrátem Vimto, medem nebo cukrem a mletou skořicí.
c) Dobře promíchejte, aby se sladidlo úplně rozpustilo.
d) Směs nechte vychladnout na pokojovou teplotu a poté dejte do lednice alespoň na hodinu vychladit a nechat propojit chutě.
e) Servírovací sklenice naplňte kostkami ledu.
f) Led v každé sklenici přelijte čajovým mocktailem inspirovaným Vimto.
g) Do každé sklenice přidejte hrst čerstvých bobulí, abyste získali ovocnou dobrotu.
h) Ozdobte lístky máty pro osvěžující vůni.
i) Jemně promíchejte, aby se chutě promíchaly a zajistilo se rovnoměrné rozložení dobroty Vimto.

99. Šafránový mátový čaj v arabském stylu

SLOŽENÍ:
- Hrst lístků čerstvé máty
- Pár kousků šafránu
- 360-480 ml vody
- Cukr nebo med (volitelné, podle chuti)

INSTRUKCE:
a) Vložte lístky čerstvé máty a šafrán do hrnce nebo konvice.
b) Samostatně vařte vodu a do hrnce s mátou a šafránem přidejte 120 ml horké vody. Hrnec uzavřeme a necháme asi 10 minut louhovat.
c) Po namočení přidejte do hrnce zbývající horkou vodu.
d) Nalévejte čaj přímo do sklenic nebo šálků. Volitelně ho můžete přecedit pro hladší texturu.
e) Podle chuti přidejte med nebo cukr. Dobře promíchejte, aby se rozpustily.
f) Pokud vyrábíte jednotlivý šálek, můžete si proces zjednodušit nalitím horké vody přímo do šálku s mátou a šafránem.

100.Tibetský máslový čaj s fenyklem

SLOŽENÍ:
- 3 lžíce lístků černého čaje
- 1 lžíce semínek fenyklu
- 8 uncí soli z plnotučného mléka, podle chuti
- 8 uncí nesoleného másla

INSTRUKCE:
a) V hrnci dejte vařit 6½ šálků vody.
b) Přidejte čajové lístky a semena fenyklu a vařte 15 minut.
c) Přidejte mléko a znovu přiveďte k varu.
d) Vyjměte a louhujte 2 minuty.
e) Čaj sceďte do velké nádoby, přidejte sůl a máslo a dobře promíchejte.

ZÁVĚR

Doufáme, že na konci naší aromatické cesty „Kompletní knihou Chai" jste zažili radost z tvoření, ochutnávání a přijímání životního stylu chai. Každý recept na těchto stránkách je oslavou rozmanitých chutí, kulturních tradic a všestrannosti, které chai přináší do vašeho šálku – svědčí o úžasných možnostech, které tento kořeněný nápoj nabízí.

Ať už jste si užili jednoduchost klasického masala chai, přijali kreativní dezerty s obsahem chai nebo experimentovali se slanými pokrmy inspirovanými chai, věříme, že tyto recepty podnítily vaši vášeň pro životní styl chai. Kéž se koncept osvojení životního stylu chai kromě konvice a koření stane zdrojem relaxace, spojení a oslavou radosti, která přichází s každým douškem.

Když budete pokračovat v objevování světa chai, může být „KOMPLETNÍ KNIHA CHAI" vaším důvěryhodným společníkem, který vás provede řadou receptů, které předvedou bohatost a všestrannost tohoto oblíbeného nápoje. Zde si můžete vychutnat uklidňující teplo chai, vytvářet nádherné výtvory a přijmout životní styl chai v každém aromatickém okamžiku. Chai na zdraví!

www.ingramcontent.com/pod-product-compliance
Lightning Source LLC
Chambersburg PA
CBHW071323110526
44591CB00010B/1002